郑《注》曰:"不答拜者,为人使不当其礼也。不让先升,奉王命尊也。升者,升坛。使者东面致命,侯氏东阶上西面听之。"

《正义》曰:"云使者东面致命,侯氏东阶上西面听之者,以下经赐车服,诸公升自西阶,东面,侯氏升西阶,知此亦然也。"

使者致命　　　　　　侯氏听命

侯氏再拜稽首

贾《疏》曰:"云升者,外坛者,以帷宫无堂可升,故知升者升坛也。云使者东面致命,侯氏东阶上西面听之者,知面位如此者,并约下文就馆赐侯氏车服而知也。"

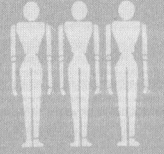

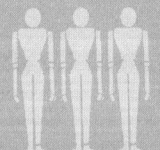

张惠言《仪礼图》云:"经言遂升受玉,则不升成拜也,下还玉亦同。"

新编仪礼图之方位图

[宾礼卷]

买靳 ……… 著

中州古籍出版社
·郑州·

图书在版编目（CIP）数据

新编仪礼图之方位图. 宾礼卷/买靳著. —郑州：中州古籍出版社，2018.9
　ISBN 978-7-5348-8025-4

Ⅰ.①新… Ⅱ.①买… Ⅲ.①宾礼-研究-中国 Ⅳ.①K892.9

中国版本图书馆 CIP 数据核字（2018）第 220046 号

新编仪礼图之方位图：宾礼卷

责任编辑　唐志辉
装帧设计　曾晶晶

出　　版	中州古籍出版社
	地址：河南省郑州市经五路 66 号
	邮编：450002
	电话：0371-65788693
经　　销	新华书店
印　　刷	河南大美印刷有限公司
版　　次	2018 年 9 月第 1 版
印　　次	2018 年 9 月第 1 次印刷
开　　本	890 毫米×1240 毫米　　1/32
印　　张	6.125 印张
字　　数	147 千字
定　　价	26.00 元

本书如有印装质量问题，由承印厂负责调换。

序　言

《仪礼》,是一部记载周代礼仪制度的经书。书中对绝大多数仪节的记载完整而详细,但由于时代悬隔,文字艰涩,制度难解,器物难明。所以,通明《仪礼》是不容易的,初学者在读书的过程中需要运用较为科学的方式、方法。如清代学者陈澧曾说过:"《仪礼》难读,昔人读之之法,略有数端:一曰分节,二曰绘图,三曰释例。今人生古人后,得其法以读之,通此经不难矣。"(《东塾读书纪》)陈澧所说的"绘图",指的是以绘制图表的形式直观形象地解释《仪礼》。

礼图之始,现已难于追溯。现在所能见到的最早的礼图是东汉碑刻《六玉图》(见于南宋洪适所作《隶续》),其后有郑玄、阮谌、夏侯伏朗、张镒、梁正、开皇中礼部官撰六家,但现皆难见其全貌。

后至五代,聂崇义据郑玄等六家之图,参互考定,并加集注,作《三礼图集注》二十卷,凡图三百八十余幅,文字约十余万言,内容主要是考绘行礼所须的车服、礼器等,而对行礼所在的宫室述之甚略,亦不甚精准;而对五服制度及礼仪进程中揖让进退的具体方位更是毫无涉及。即使是该书主要考绘的服制礼器,也存在一定的争议。如沈括、欧阳修等多认为此书所绘与三礼注解相悖。但平心而论，该书所绘并不尽为杜撰，特别是其能参汉以来六家礼图而成一书，使"礼图"学派递相祖述，自成源流，在礼学发展史上当有其一定的地位。

继聂崇义之后，北宋陈祥道作《礼书》一百五十卷，内附图近八百幅，图后有文，依据前人著述引用儒家经典对上古礼制进行考核订正，内容完备，条理清楚，纠偏补缺，多有独到之处。该书的保存较为完整，与司马光之《书仪》、朱熹之《仪礼经传通解》共同代表宋代礼学的最高研究水平。该书虽不是典型的礼图类著作，但附图甚多，且注解详实。相较《三礼图集注》，该书新增了十余幅五服图，以及一些释币礼、大射礼、投壶礼等相关的陈设图、礼位图，这使得礼图的内容更加完整。

南宋时期，经学繁荣，这一时期的学者亦更加深刻地意识到图谱在学术研究中的作用。这一时期，有杨复所作《仪礼图》十七卷，并《仪礼旁通图》一卷，于绍定元年（1228）正式成书。其自序中称："复曩从先师朱文公读《仪礼》，求其辞而不可得，则拟为图以象之，图成而义显。凡位之先后秩序，物之轻重权衡，礼之恭逊文明，仁之忠厚恳至，义之时措从宜，智之文理密察，精粗、本末，昭然可见。……严陵赵彦肃，作《特牲》《少牢》二礼图。质诸先师，先师喜曰：'更得冠、昏图，及堂室制度并考之，乃为佳尔。'盖《仪礼》，原未有图，故先师欲与学者，考订以成之也。复今所图者，则高堂生十七篇之书也。厘为'家乡、邦国、王朝丧祭礼'，则因先师经传通解之义例也。附《仪礼旁通图》于其后，则制度名物之总要也。"该书作图二百余幅，图之前后皆录取经文原文，又节取前儒旧说，疏通其意。该书以行礼时人物礼器的方位朝向为主，礼器宫室图稍显简略粗糙，且在图文编排上亦稍显无序及杂乱。但是，书中绝大部分图都能循经而绘，对后学颇有启发。更为重要的是，该书是较早的一部专门为《仪礼》所作的图，亦为较早的一部完整系统的行礼方位图。杨复这种另辟新径研究《仪礼》的方法，确实令人耳目一新，亦足资后世学者借鉴。

有元一代，经学衰落。这一时期较有代表性的礼图当推龚端礼所作之《五服图解》。该书篇幅较短，其中较为重要者为端礼所作之《五服八图》（即《本族之图》《外族之图》《嫁女为父族图》《鸡笼之图》《妻为夫家之图》《夫为妻家之图》《礼制六父十二母图》与《本族三殇之图》），此八图后有《易晓图》一幅及丧服、丧冠等图若干。值得一提的是，该书的写作目的并不是单纯的图释五服，而是要将古代服制与元代实际相结合，制定出一套切实可行的服丧原则。该书五服标目总计一百九十二章，其中《通制》相同一百六十二章，《通制》不载三十章，此外还收录了一些与服制有关的断例，这种结构与内容的安排正是作者写作目的的直接体现。

明代，经学略有复兴，这一时期的礼图类著作当首推刘绩的《三礼图》。该书共有四卷，凡图二百余幅，主要是行礼所用的器物与车服，亦有五服图与宫室图若干，但并无行礼方位图。与聂氏图相较，刘绩增旧图所未备者七十余事，可补崇义之阙。可是，因明代距《礼仪》成书年代更远，而刘绩著书时主要依据的《宣和博古图》的学术严谨性亦存争议，故刘氏考绘之图未免遭到后世学者的质疑。但刘氏对前人旧说的抉择去取还是颇为谨严，刘氏《三礼图》亦有其不容忽视的学术价值。

刘绩之后，黄佐著《泰泉乡礼》。该书凡七卷，首卷为序，举以乡礼之纲领；卷一至卷六分别记述了乡约、乡校、社仓、乡社、保甲五事。末以《士相见礼》及《投壶》《乡射礼》别为一卷附之，大抵皆简明切要，施之可行。而在此卷中，黄氏附有士相见受挚图、投壶图两幅，图中所绘壶、算筹等惟妙惟肖，但人物与大部分礼器还是用文字表示，两图宫室方位亦极简略。

明亡清兴，礼学复兴，礼图类著作（或附图以研礼、解礼的著作）亦随之有极大的发展，具体可详见下表：

作　者	著　作	附　注
徐乾学 1631—1694	《读礼通考》	书中附五服图若干与列表相配合，五服的穿戴及所执的杖等，士丧礼[1]行礼方位图二十余幅、士虞礼方位图十余幅、宫室图约二十幅、礼器图若干（其中丧礼祭祀所用较多）。
任启运 1670—1744	《朝庙宫室考附田赋考》	书中附有宫室图九幅。
	《宫室考》	书中有北堂图，今定夫妇席前设馔图，更定饮酒礼宾位图，无算爵图，射礼方位图，聘礼归宾馔饩图。有时附杨氏旧图用以批判。
江永 1681—1762	《深衣考误》	书中附有深衣图若干。
	《乡党图考》	书中有宫室图三幅、宫室礼位图两幅、聘礼图四副、圭璋璧琮束帛各一幅、服冕九章一幅、冕弁冠服一幅、衣裳图七幅、车轮座等图四幅、席图一幅，服制差等表。
沈彤 1688—1752	《仪礼小疏》	书中附有室中、夫人、堂下兄弟哭位图各一幅。

---

[1] 含《士丧礼》与《既夕礼》两篇。

续表

作者	著作	附注
褚寅亮 1715—1790	《仪礼管见》	书中附有共牢设馔图与公食大夫陈馔图各一幅。
江声 1721—1799	《尚书集注音疏》	书中附明堂殡宫图两幅,可参考。
戴震 1724—1777	《考工记图注》	书中附有礼器图与宫室图若干。
程瑶田 1725—1814	《宗法小记》	书中附有宗法图若干。
	《仪礼丧服文足征记》	书中附有丧服图若干。
	《九谷考》	书中附有黍、稷、稻、粱等图若干。
	《释草小记》	书中附有若干经文涉及的草木之图。
	《释虫小记》	书中附有若干经文涉及的昆虫之图。
	《考工创物小记》	书中附有若干礼器图。
金榜 1735—1801	《礼笺》	书中附有礼器图若干。
汪中 1745—1794	《述学》	书中附有宫室图四幅,皆天子之宫室。
孔广林 1746—约1814	《仪礼臆测》	书中附有宫室图一组(含郑玄旧说与孔氏改定图两部分)。
孙星衍 1753—1818	《明堂考》	书中附宫室图八幅,图中已经开始注意明堂王都周围的山川水脉。
孔广森 1752—1786	《礼学卮言》	书中附有宫室图四幅。
洪颐煊 1765—?	《礼经宫室答问》	书中附有宫室图八幅。

续表

作 者	著 作	附 注
张惠言 1761—1802	《仪礼图》	凡六卷，图近三百幅。首卷为宫室与衣服，之后五卷按照《仪礼》经文篇次编排，其中绝大部分为行礼方位图，考绘皆甚为精慎，亦有五服图与少量丧器图。
焦循 1764—1820	《群经宫室图》	书中附有宫室图若干。
陈奂 1786—1863	《毛诗说》	书中附有礼服图若干以及宫室图若干。
吴嘉宾 1803—1864	《丧服会通说》	书中附有丧服图若干。
邹汉勋 1805—1854	《读书偶识》	书中附有宫室图若干，天子宫室居多。
郑珍 1806—1864	《仪礼私笺》	书中附有公食大夫礼正馔加馔图一幅，以及前人士昏礼对席图六幅。
陈乔枞 1808—1869	《礼堂经说》	书中附有宫室图一幅。
俞樾 1821—1907	《士昏礼对席图》	书中附有前人所绘士昏礼对席图六幅。
	《群经平议》	书中附有宫室图若干，以及聘礼陈撰图一幅。
黄以周 1828—1899	《礼书通故》	凡五十卷，后三卷中有服制表、丧服表，三百余幅礼器图，二十四幅宫室图，以及按照《仪礼》经文篇次编排的近二百幅行礼方位图。
张锡恭 1858—1924	《丧服郑氏学》	书最末附有深衣图六幅。
于鬯 1862—1919	《读仪礼日记》	书中附有射侯图若干。

续表

作　者	著　作	附　注
吴之英 1857—1918	《寿栎庐仪礼奭固礼事图》	书中有按照《仪礼》经文编排的近四百幅行礼方位图，十分详尽，且其中有很多涉及行礼时的变例，但标示宫室方位却过于简略，使人阅读时颇感不便，方位朝向也有待考证。
	《寿栎庐仪礼奭固礼器图》	宫室图三幅，为立体复原图，形象生动，栩栩如生，以及近四百幅礼器图，画工十分精湛，随图附有较为详细的考释。
曹元弼 1867—1953	《礼经学》	书中附有七幅宫室图、二十余幅礼服图，及丧服表若干。
林乔荫[1]	《三礼陈数求义》	书凡三十卷，内附宫室图、宗法图、服制表若干。
林颐山[2]	《经述》	书中附有深衣图一组（含江氏图，有对比之意）。
盛世佐[3]	《仪礼集编》	书中附有今定夫妇席前设馔图、北堂图、一组乡饮酒礼宾位图、无筭爵图、射礼方位图。多为批判杨氏图之误。

由上表可知，以图释礼已经成为清代礼家所经常使用的一种手段。而且，这一时期礼图的质量也高于前代。其中最值得一提的是张惠言所作的《仪礼图》。张氏图凡三百余幅，首卷先明宫室服制，再依经文次序绘制礼器及与礼者的方位朝向，图中常有自注，若图不能释则别立列表以明其义。《四库全书总目提要》赞之道："（张氏图所绘）礼之诸仪诸节皆清晰不淆，宛如亲临其境……（使读者

---

[1] 生卒年不详，但当为乾隆年间（1765）进士。
[2] 生卒年不详，但当为光绪年间（1892）进士。
[3] 生卒年不详，但当为乾隆年间（1748）进士。

将)进退揖让之节,了然于心目间。惠言之图,要比宋人杨复《仪礼图》粲然毕备,详明易览。案《仪礼》一经,久成绝学,惠言能研究钩贯,条理秩然,实不愧通达穷经之绪。"

近代以来,礼图不兴,及至今日,亦未有系统完备的礼仪图问世。

自汉至清,千余年间,礼图类著述虽不乏佳作,但因历史条件的局限,也有一些无法避免的缺憾。首先,古图中的礼器宫室皆为礼家绘制,因而有时会与实物存在较大的差异。如《仪礼》中经常提及的"柶",聂崇义、吴之英皆因《说文》之释将其绘为匕状,这与事实是不相符的。再如,礼经中庙群的布局问题,历来皆有"一"字型与"品"字型两种观点,杨复、江永、陈奂、盛世佐等悉从贾《疏》绘为"一"字型,皆与马家庄秦宫庙遗址相悖。其次,古图中的方位图皆以文字的方向表明器物或与礼者的朝向,这使得读者在阅读的过程中,需要反复调转书本的方向,甚为不便。而且,图中的人与物都以文字写明,不加区分,较为占用空间,在表现一些空间范围较小但礼器众多、人员密集的仪节时,显得十分吃力,在表现人物的行进路线与行礼动作上也力有不逮。最后,前人方位图中,鲜有经义的说明,这使得方位图成了一本单纯的考据性著作。读者看图,但能知晓人物礼位之制与礼器陈设之法而不能知其缘故。礼仪,其实更多的是一种精神上的文明。《仪礼》中,行礼时的陈设朝向与揖让进退间无不体现着先人对天人关系、社会关系、自身问题的思考与解答。故不能在方位图中辅之以相关经义,而仅关注于繁琐的礼制仪节,亦古代礼图的一大遗憾。

现笔者力图充分汲取近三十年学术界相关研究成果,在尊重借鉴前人图谱的基础上,新制仪礼图,以补前人图谱之憾。

本书为《新编仪礼图之方位图》（宾礼卷），《仪礼》中专言宾礼者凡三篇，即《士相见礼》《聘礼》《觐礼》[1]。

《士相见礼》，记载古代的士以及其他各级贵族互相拜访的礼仪。古代的贵族互相拜访的礼俗，不同等级各不相同，本篇不仅对此详加记载，同时还兼记诸杂仪。全文十三节，可以分为以下三个部分：第一部分为第一节到第二节，记士与士相见的礼仪，这也是本篇的主要内容；第二部分为第三节到第七节，记士见大夫、大夫见大夫，及有关见国君的礼仪等；第三部分为第八节之后，杂记诸仪，如燕见国君、进言、侍坐、君赐食赐饮、称谓及执挚之容等。本篇无《记》文。

《聘礼》，据郑玄《目录》说，中国古代的诸侯国之间，如果很长时间没有会盟之类的事情，就要派出使者，带着礼物互相访问，互结友好，此谓聘礼。聘就是问的意思，即访问、慰问。聘礼有大聘和小聘之分。大聘规格高，要派卿作为使者，带的礼物也多，主国接待使者也极为隆重。小聘叫问，以大夫为使者，规格较低。本篇着重记载了大聘的礼仪，亦略记小聘礼。全文可以分为以下六个部分：第一节至第四节，记任命使者和使者出发前的准备；第五节至第十节，记使者出使途中和初到主国的有关礼仪；第十一节至第二十四节，记正式行聘礼的过程，包括聘君、享君、聘夫人、享夫人、慰问卿大夫，以及主国款待使者的礼仪等；第二十五节到第二十八节，记使者回国的有关礼仪；第二十九节至第三十三

---

〔1〕 宋人王应麟依照《周礼·春官·大宗伯》对礼的划分方法，将十七篇分为四类：《特牲馈食礼》《少牢馈食礼》《有司》等三篇记祭祀鬼神、祈求福佑之礼，属于吉礼；《丧服》《士丧礼》《既夕礼》《士虞礼》等四篇记丧葬之礼，属于凶礼；《士相见礼》《聘礼》《觐礼》等三篇记宾主相见之礼，属于宾礼；《士冠礼》《士昏礼》《乡饮酒礼》《乡射礼》《燕礼》《大射》《公食大夫礼》等七篇记冠昏、宾射、燕飨之礼，属于嘉礼。

节，记出聘而遭遇丧事的礼仪，同时兼记小聘的礼仪；第三十四节之后，为《记》文，杂记聘礼的有关事项和礼仪。

《觐礼》，据郑玄《目录》说，诸侯朝见天子，不同季节，朝见之礼的名称也不同：春天叫朝，夏天叫宗，秋天叫觐，冬天叫遇。但只有觐礼保留了下来，本篇就是记载诸侯觐见天子的礼仪。全文十三节，可以分为四个部分：第一节至第四节，记诸侯到来后，天子派人接待和安排觐期；第五节至第十节，记诸侯觐见天子的全过程；第十一、十二节，记诸侯会同和天子巡狩的有关礼仪；第十三节为《记》文，杂记觐礼二三事。

目 录

总 图 例 ·· 1

士相见礼

士相见礼方位图 ·· 9

士相见礼所涉人物一览表 ·· 18

士相见礼所涉礼例一览表 ·· 21

士相见礼所涉方位图一览表 ··· 27

聘 礼

聘礼方位图 ··· 31

聘礼所涉人物一览表 ··· 95

聘礼所涉礼例一览表 ·· 126

聘礼所涉方位图一览表 ··· 135

觐 礼

觐礼方位图 ··· 143

觐礼所涉人物一览表 ……………………………………………… 166

觐礼所涉礼例一览表 ……………………………………………… 169

觐礼所涉方位图一览表 …………………………………………… 172

礼　器　表 …………………………………………………………… 173

总 图 例

总 图 例 3

表示某一件位置固定的礼器

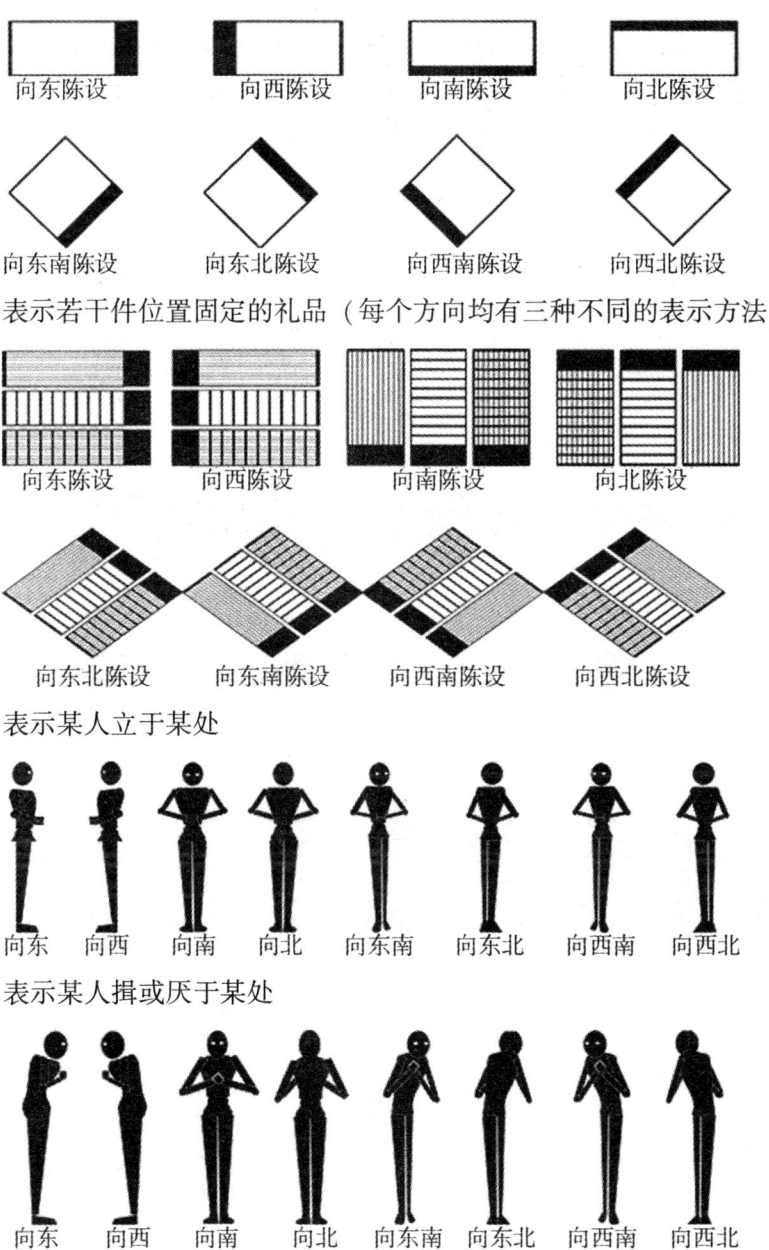

向东陈设　　　　向西陈设　　　　向南陈设　　　　向北陈设

向东南陈设　　　向东北陈设　　　向西南陈设　　　向西北陈设

表示若干件位置固定的礼品（每个方向均有三种不同的表示方法）

向东陈设　　　　向西陈设　　　　向南陈设　　　　向北陈设

向东北陈设　　　向东南陈设　　　向西南陈设　　　向西北陈设

表示某人立于某处

向东　向西　向南　向北　向东南　向东北　向西南　向西北

表示某人揖或厌于某处

向东　向西　向南　向北　向东南　向东北　向西南　向西北

表示某人拜（空手拜）于某处

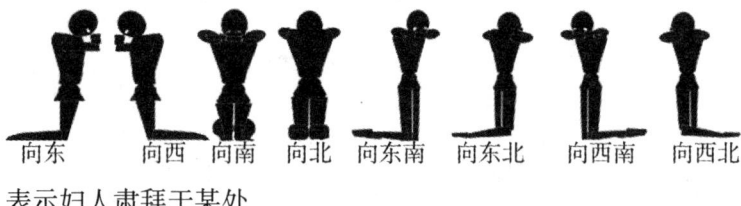

向东　　向西　　向南　　向北　　向东南　向东北　向西南　向西北

表示妇人肃拜于某处

向东　　向西　　向南　　向北　　向东南　向东北　向西南　向西北

表示某人稽首拜于某处

向东　　向西　　向南　　向北　　向东南　向东北　向西南　向西北

表示妇人扱地拜于某处

向东　　向西　　向南　　向北　　向东南　向东北　向西南　向西北

表示某人跪或坐于某处（《仪礼》中跪坐不分）

向东　　向西　　向南　　向北　　向东南　向东北　向西南　向西北

表示某人坐取或坐授受于某地

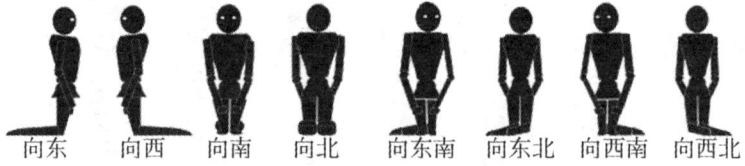

向东　　向西　　向南　　向北　　向东南　向东北　向西南　向西北

表示某人行于某处

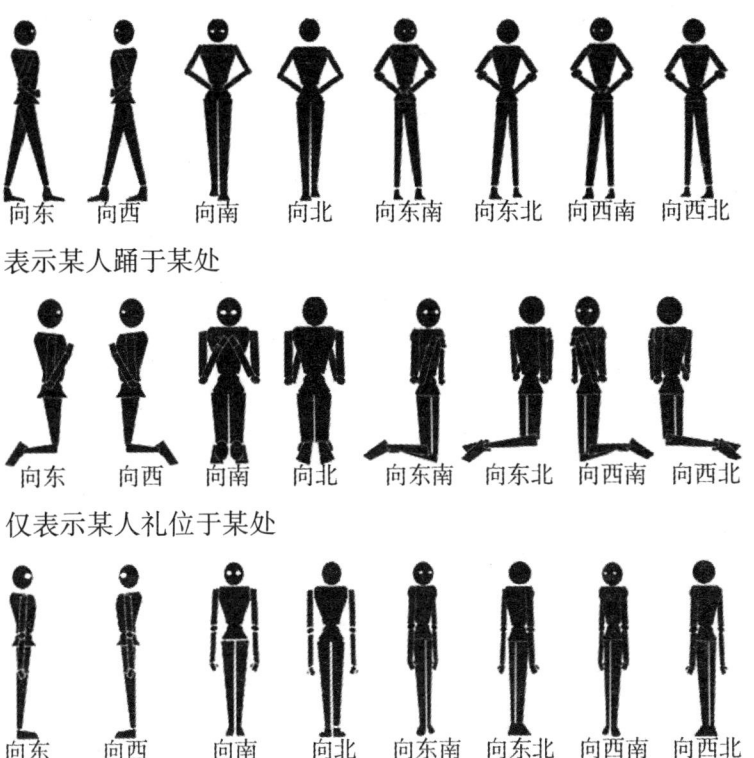

表示某人踊于某处

仅表示某人礼位于某处

（参见段玉裁《释拜》、贾谊《新书》、吴道子《孔子天揖图》）

士相见礼

士相见礼方位图

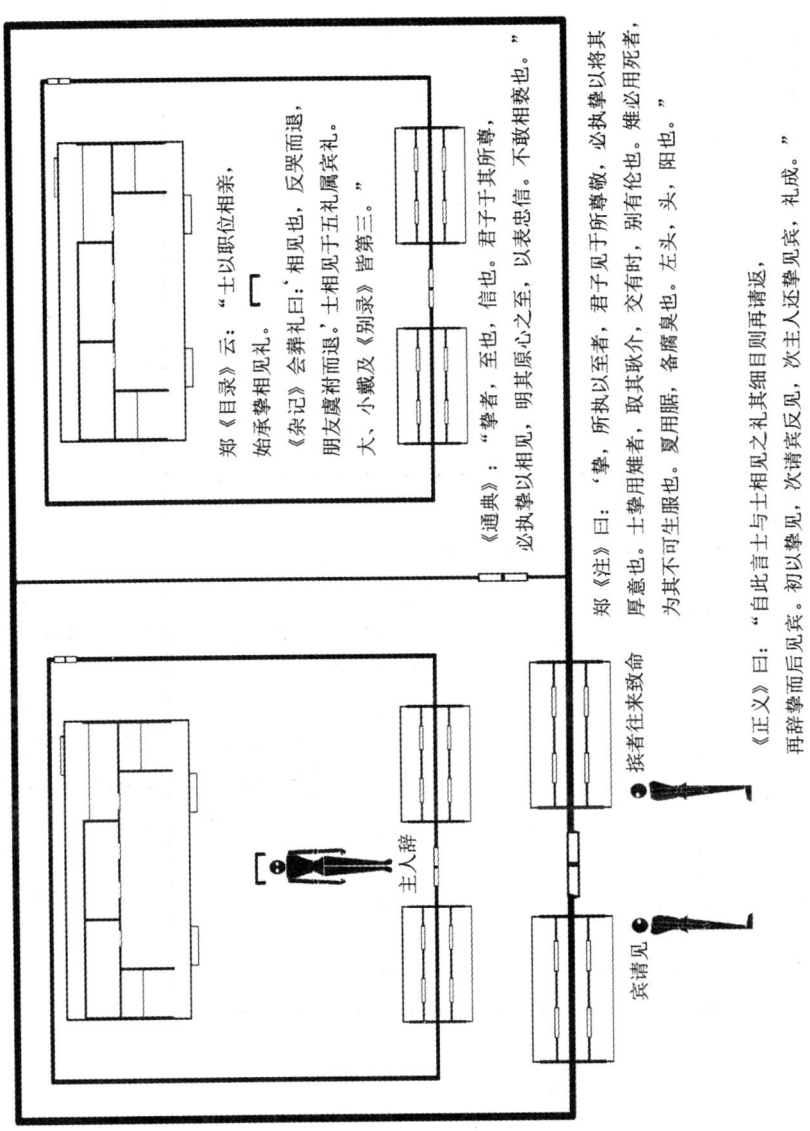

3-1-1 士相见图一

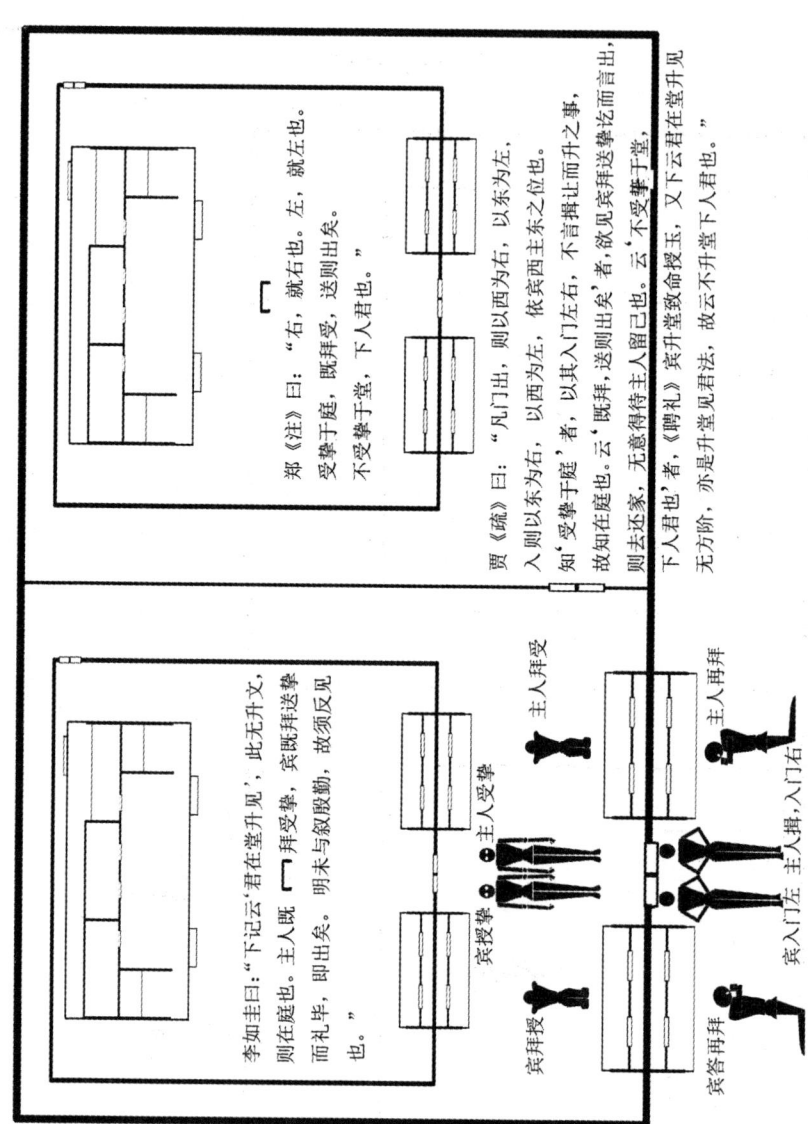

3-1-2 士相见图二

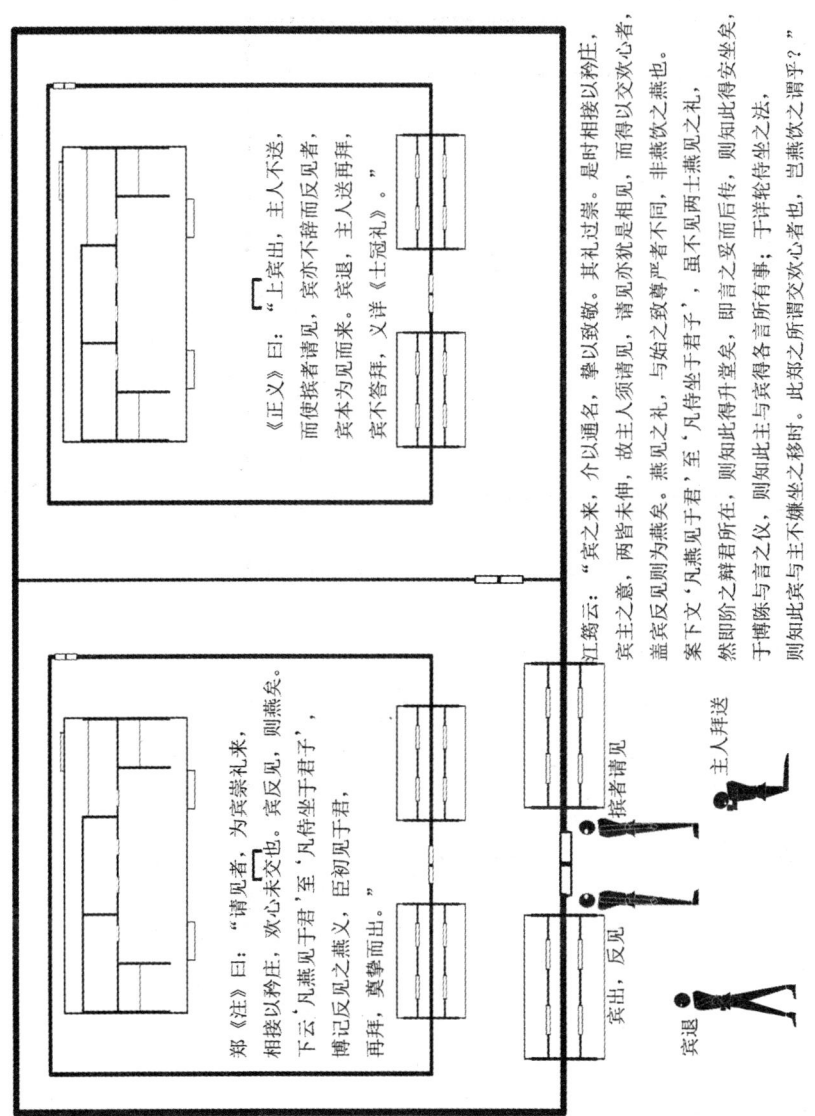

3-1-3 士相见图三

郑《注》曰:"请见者,为宾崇礼来,相接以矜庄,欢心未交也。宾反见,则燕矣。下云'凡燕见于君''至'凡侍坐于君子',博记反见之燕之仪,臣初见于君,再拜,奠挚而出。"

《正义》曰:"上宾出,主人不送,而使摈者请见,宾亦不辞而反见者,宾未为主人答拜,主人送之冠礼》。"

江筼云:"宾之来,介以通名,挚以致敬。其礼过崇。宾主之意,两皆未伸,故主人犹以交欢心者,盖宾反见则为燕事。燕见之礼,与始之致尊严者不同,非燕饮之燕也。案下文'凡燕见于君''至'凡侍坐于君子',虽不见两士燕见之礼,然即阶之藉君言之仪,则知此主与宾得升堂矣,则知此主与宾得各言所有事;于博陈与言之位,则知此宾与主不嫌坐之移时。此郑之所谓交欢心者也,岂燕饮之谓乎?"

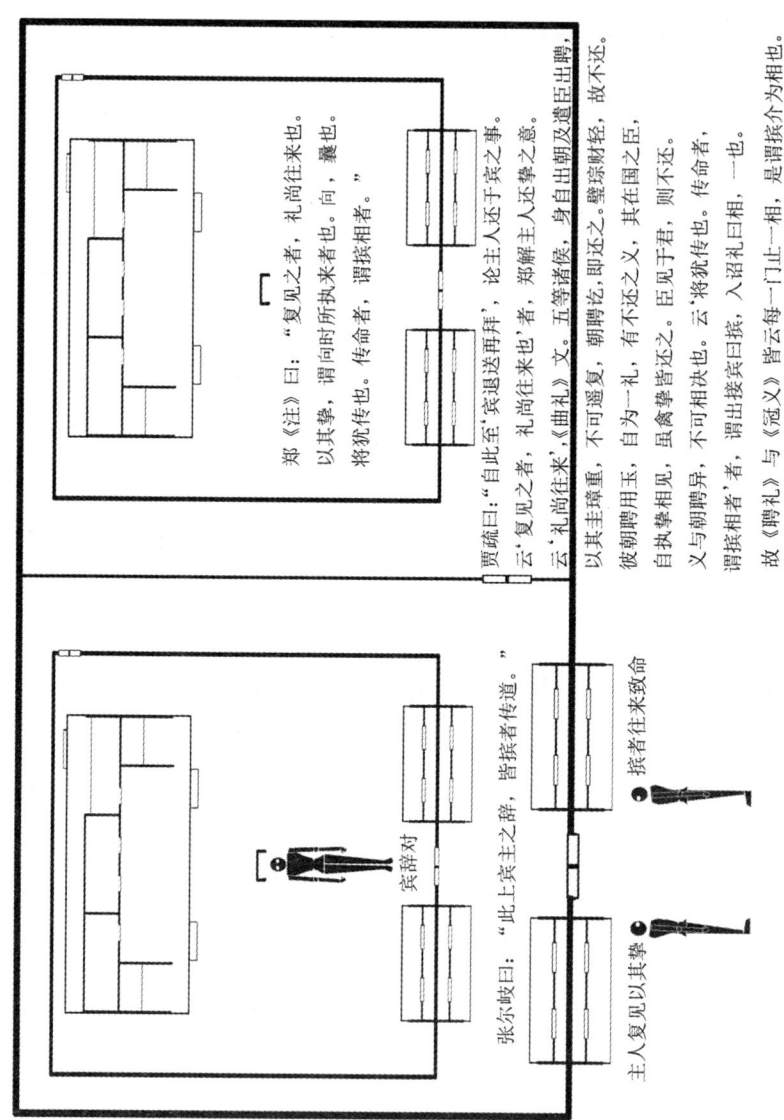

3-2-1 士还挚图一

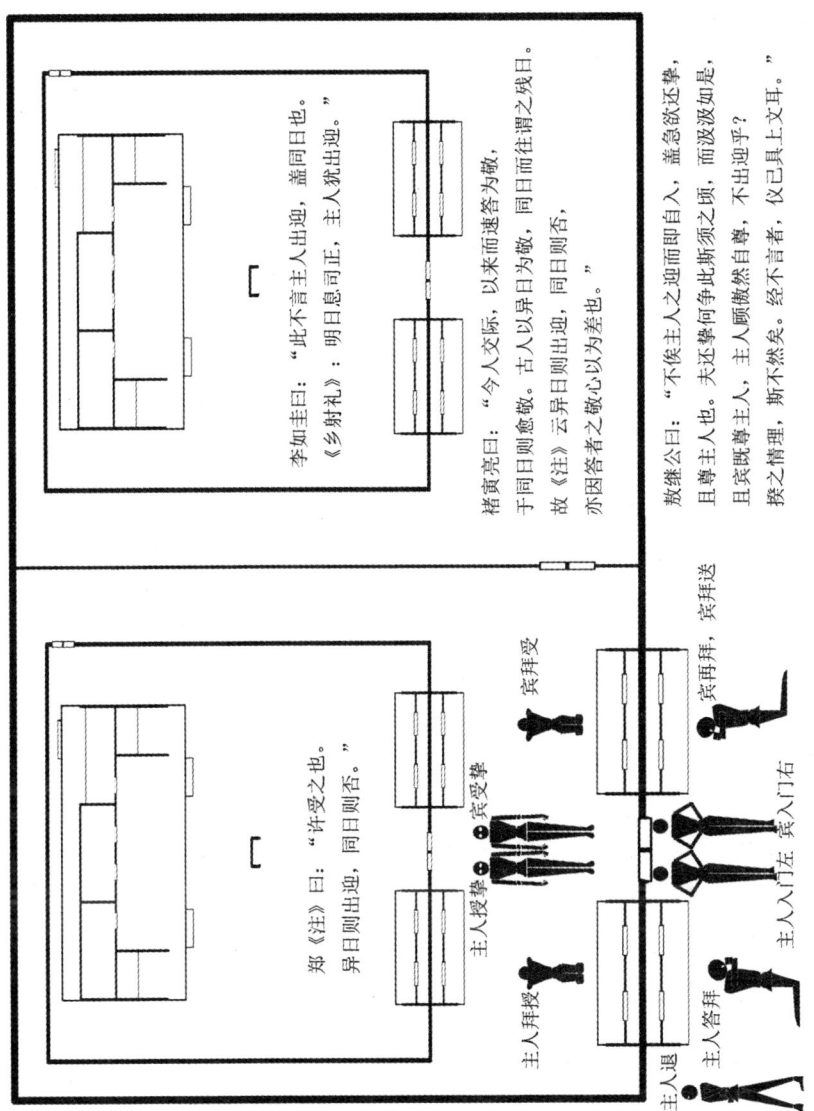

3-2-2 士还挚图二

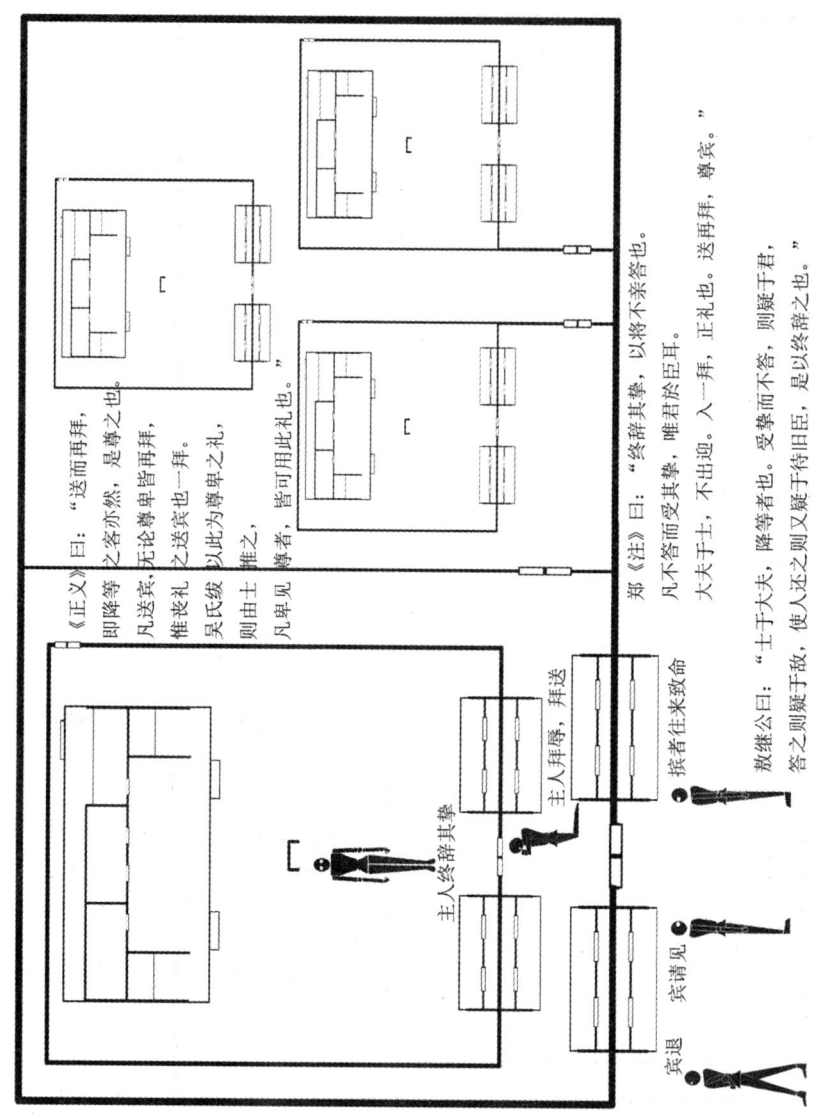

3-3-1 士见大夫图

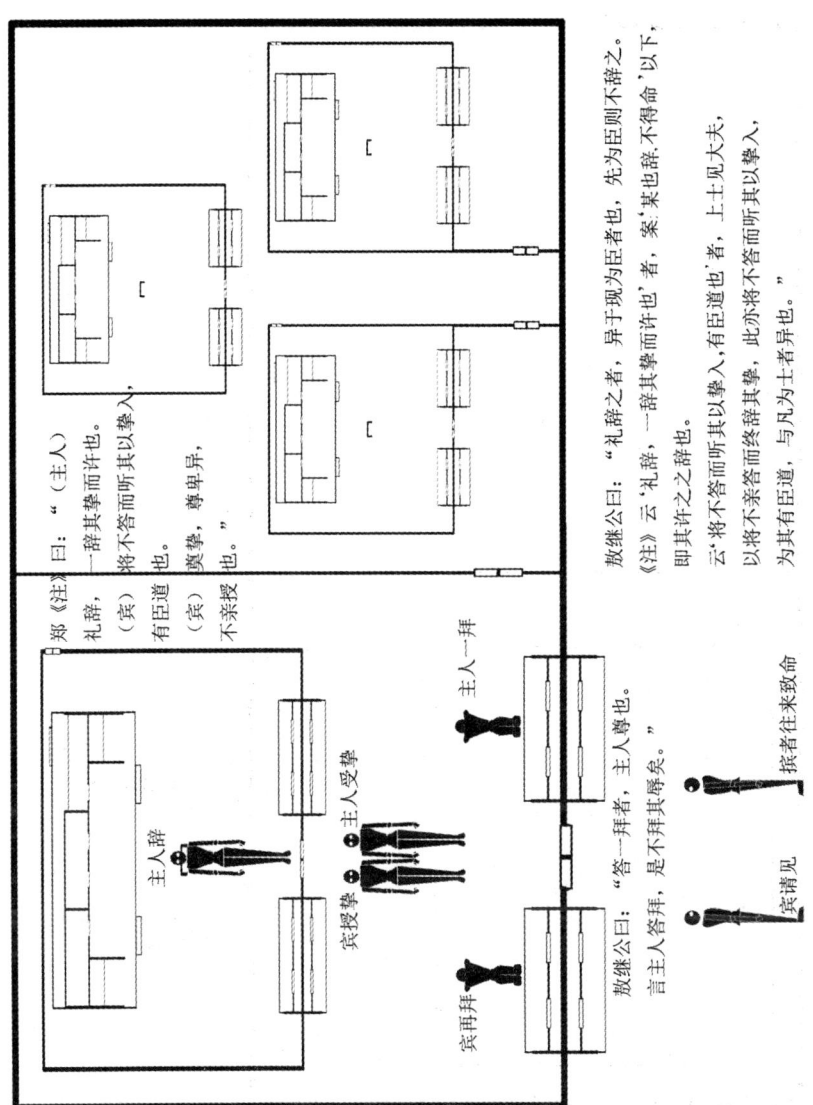

3-4-1　士尝为大夫臣者见于大夫图一

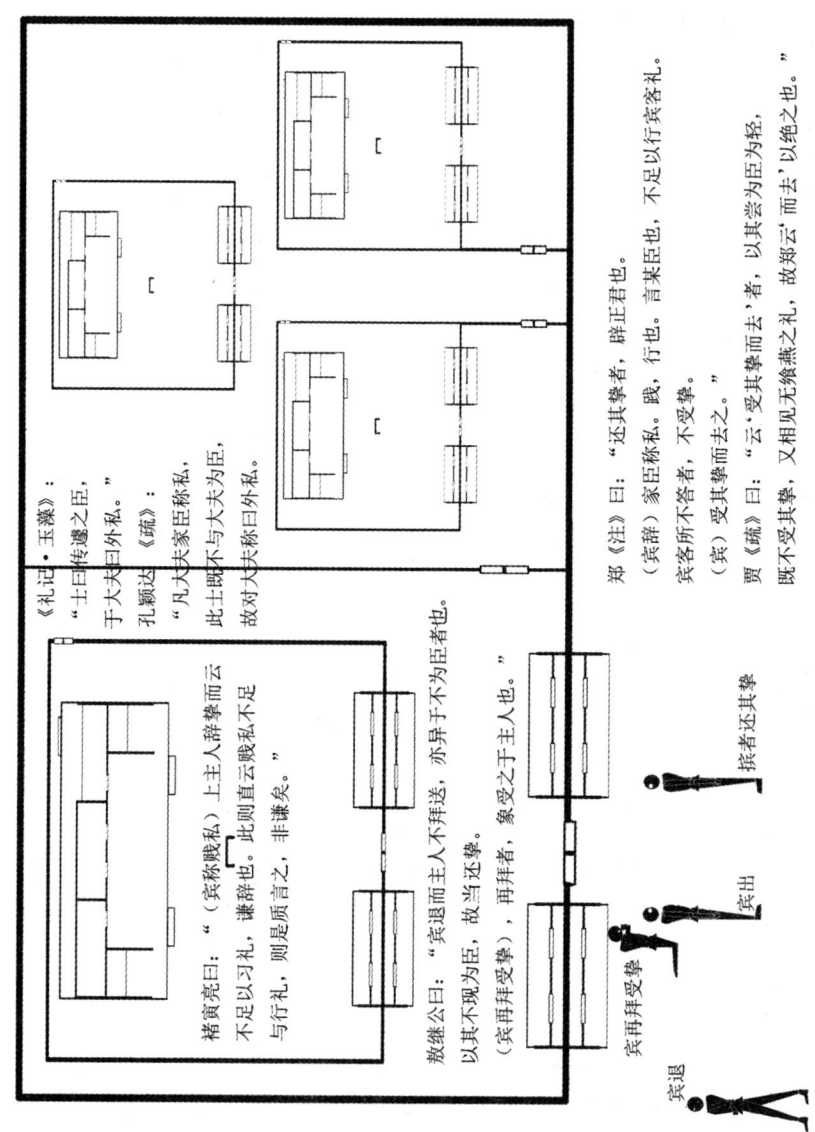

3-4-2 士尝为大夫臣者见于大夫图二

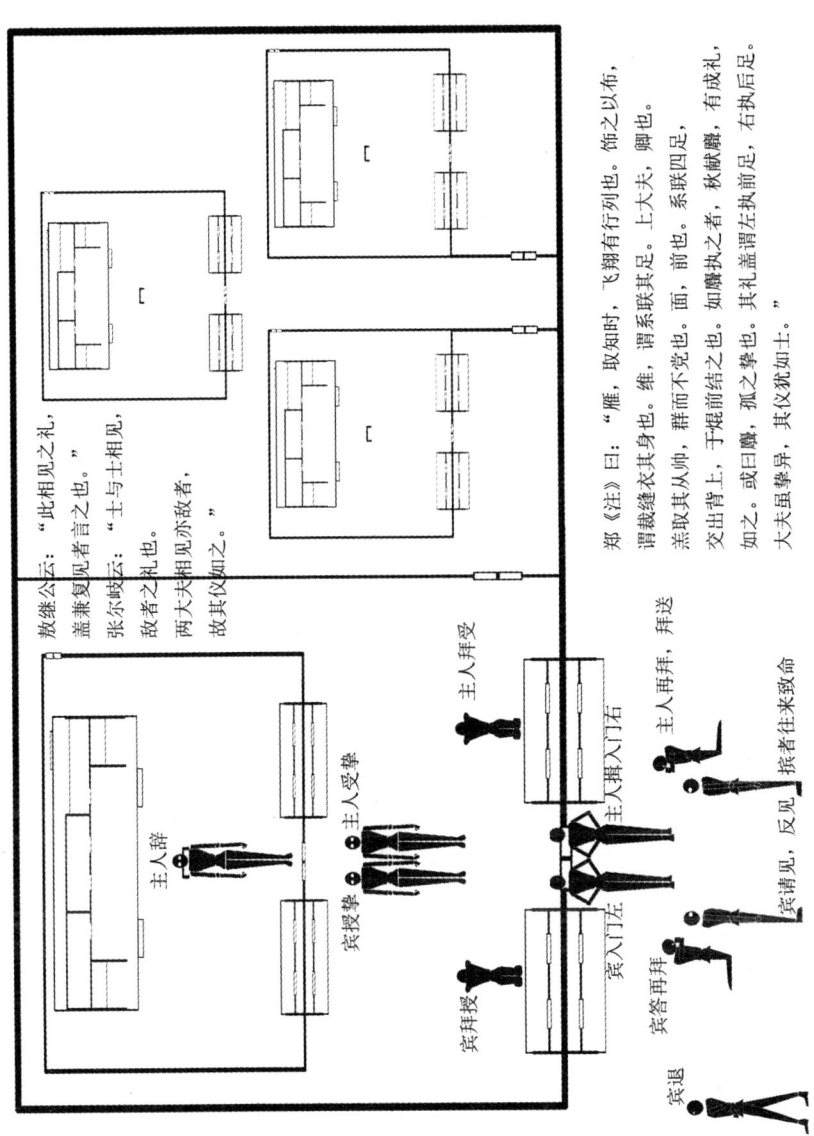

3-5-1　大夫相见图

士相见礼所涉人物一览表

士相见礼第三

		一、士相见				二、见大夫、国君等			记文		
		1.士见士	2.士还挚	3.士见大夫	4.士尝为大夫臣者见于大夫	5.大夫相见	6.大夫、士、庶人见于君	7.他邦之人见于君	11.臣侍坐赐食赐饮及退去之仪	12.先生异爵者见士	13.广言称谓及执而五之仪
	国君							使人还挚	赐食,降送		
	国君之摈者	负责任来传话佐主人行礼事之人。《仪礼》中的摈者皆非一个严谨准确的职务名称,而是一类行摈赞之事者的统称。					答一拜 / 相礼	傧礼还挚			
本国	大夫甲(前去拜见)					执挚拜见,结欢心;挚回访则辞而受挚	见君,奠挚,稽首拜		为君尝饭,君送则辞		于君前称下臣
	大夫乙(被见及回访)			辞,使还挚		辞,迎宾,请见,送宾,稍后执挚回访授挚					
	大夫乙之摈者			往来传命候礼	往来传话门外还挚	往来传命候礼					
	士甲(前去拜见)		执挚拜见,授挚,结欢心				见君,奠挚,稽首拜		为君尝饭,君送不敢辞		于君前称下臣
	士甲之摈者	往来传命候礼	辞而受挚	执挚候见							

续表

士相见礼第三

		一、士见士				二、见大夫、国君等			记文		
		1. 士见士	2. 士还挚	3. 士见大夫	4. 士尝为臣者见于大夫	5. 大夫相见	6. 大夫、士、庶人见于君	7. 他邦之人见于君	11. 臣侍坐赐食赐饮及退去之仪	12. 先生异爵者见士	13. 广言执挚谓及执币玉之仪
士乙（被回访）		辞，迎宾，受挚，请见，送宾	执挚，回访，授挚							使摈者辞，辞不得命则见	
士乙之摈者			任来传命俟礼							俟礼推辞	
士丙（曾为大夫家臣）				执挚拜见，后受挚							
膳宰		据郑《注》，经文中"将食者"为君之膳宰。膳宰级是"掌君饮食膳羞者也"。贾公彦认为膳宰者也。"单与夫夫"。胡匡衷认为其当为中士为之，相当于《周礼》中的膳夫。							进食		
赞者		负责佐主人行礼事之人。《仪礼》中的赞者皆非一个严谨确的职务名称，而是一类行佐礼人行事者的统称。							受空爵		
先生异爵者		先生指退休的官吏，异爵指爵位高于主人。王引之《经义述闻·先生君子》曰："盖卿大夫之已致仕者为先生，未致仕者为君子。"按，据贾公彦认为，此时主人为士，则先生异爵者指已经退休的卿大夫。								见士	
宅者在邦		宅者即退休致仕者。郑《注》曰："宅者，谓致仕者去官而居宅。"贾《疏》曰："自称子君，以其致仕不在，故指宅而言，谓致仕者也。"									于君前称市井曰臣
宅者在野											于君前称草茅之臣

续表

士相见礼第三

		一、土相见				二、见大夫、国君等			记文		
		1. 士见士	2. 士还挚	3. 士见大夫	4. 士尝为大夫臣者见于大夫	5. 大夫相见	6. 大夫、士、庶人见于君	7. 他邦之人见于君	11. 臣侍坐赐食赐饮及退去之仪	12. 先生异爵者见士	13. 广言称谓及执而见玉之仪
他国	庶人						见君，进退走				于君前称刺草之臣
	大夫、士							见君授挚，后稽首拜受挚			于君前称外臣
	大夫丙（非奉君命出使）	据敖继公云，他邦之臣通指大夫与士。									以私事出使
	大夫丙之摈者	按，此处大夫摈者仍为大夫之私臣。									摈礼传命，但不称己大夫为寡大夫
	大夫丁（奉君命出使）										以公事出使
	公士										为摈者，称己大夫为寡大夫或寡君之老
附注		按，据《礼记·玉藻》，经文中"士则曰寡君之老"的"士"上脱"公"字，下脱"摈"字。									
		975–976		976			977		977–978		978

士相见礼所涉礼例一览表

		通例上第一	通例下第二	饮食之例上第三	饮食之例中第四	饮食之例下第五	宾客之例第六	杂例第十三
一、士相见礼第三	1. 士见士	1-1 1-3 1-5 1-6 1-7 1-8 1-13 1-14 1-18	2-1 2-2 2-6 2-13				6-4 6-8 6-18	
	2. 士还挚	1-1 1-3 1-5 1-6 1-7 1-8 1-13 1-14 1-18	2-1 2-2 2-6 2-13				6-4 6-8 6-18	
二、见大夫国君等	3. 士见大夫	1-1 1-3 1-5 1-6 1-7 1-8 1-13 1-14 1-18	2-1 2-2 2-6 2-13				6-4 6-8 6-18	

续表

	通例上第一	通例下第二	饮食之例上第三	饮食之例中第四	饮食之例下第五	宾客之例第六	杂例第十三
4. 士尝为大夫臣者见于大夫	1-1 1-2 1-3 1-5 1-6 1-7 1-8 1-14 1-19	2-1 2-2 2-6 2-13				6-4 6-8 6-18	
5. 大夫相见	1-1 1-3 1-5 1-6 1-7 1-8 1-13 1-14 1-18	2-1 2-2 2-6 2-13				6-4 6-8 6-18	
6. 大夫士庶人见于君	1-1 1-3 1-5 1-6 1-7 1-8 1-10 1-13 1-14 1-18	2-5 2-6 2-13				6-4 6-8 6-18	

续表

	通例上第一	通例下第二	饮食之例上第三	饮食之例中第四	饮食之例下第五	宾客之例第六	杂例第十三
7. 他邦之人见于君	1-1 1-2 1-3 1-4 1-5 1-6 1-7 1-8 1-10 1-12 1-14 1-19	2-5 2-6 2-13				6-4 6-7 6-8 6-18	13-2
8. 燕见于君	1-1 1-2 1-3 1-4 1-5 1-6 1-7 1-8 1-10 1-14 1-19	2-5 2-6					
记文							
9. 进言之法							
10. 侍坐于君子之法							

续表

	通例上第一	通例下第二	饮食之例上第三	饮食之例中第四	饮食之例下第五	宾客之例第六	杂例第十三
11.臣侍坐及赐食赐饮及退去之仪	1-2 1-7 1-19		3-10 3-11 3-14	4-10 4-13 4-18	5-5 5-6 5-7 5-8 5-9 5-12 5-13 5-16 5-17		
12.先生异爵者见士							
13.广言称谓及执币玉之仪							

[注释]

[1-1] 凡迎宾，主人敌者于大门外，主人尊者于大门内。

[1-2] 凡君与臣行礼皆不迎。

[1-3] 凡入门，宾入自左，主人入自右，皆主人先入。

[1-4] 凡以臣礼见者，则入门右。

[1-5] 凡入门，将右曲，揖；北面曲，揖；当碑，揖；谓之三揖。

[1-6] 凡升阶皆让，宾主敌者俱升，不敌者不俱升。

[1-7] 凡升阶皆连步，唯公所辞则栗阶。

[1-8] 凡门外之拜皆东西面，堂上之拜皆北面。

[1-10] 凡臣与君行礼，皆堂下再拜稽首，异国之君亦如之。

[1-12] 凡为人使者不答拜。

[1-13] 凡拜送之礼，送者拜，去者不答拜。

[1-14] 凡丈夫之拜坐，妇人之拜兴；丈夫之拜奠爵，妇人之拜执爵。

[1-18] 凡送宾，主人敌者于大门外，主人尊者于大门内。

[1-19] 凡君与臣行礼皆不送。

[2-1] 凡授受之礼，同面者谓之并授受。

[2-2] 凡授受之礼，想向者谓之讶授受。

[2-5] 凡卑者于尊者，皆奠而不授；若尊者辞，乃授。

[2-6] 凡佐礼者，在主人曰摈，在客曰介。

[2-13] 凡一辞而许曰礼辞，再辞而许曰固辞，三辞不许曰终辞。

[3-10] 凡啐酒于席末，告旨则降席拜。

[3-11] 凡献酒，礼盛者受爵告旨，卒爵皆拜，酢主人；礼杀者不拜告旨；又杀者不酢主人。

[3-14] 凡礼盛者坐卒爵，礼杀者立卒爵。

[4-10] 凡奠爵，将举者于右，不举者于左。

[4-13] 凡设馔以豆为本。

[4-18] 凡食礼有豆无笾，饮酒之礼豆笾皆有。

[5-5] 凡执爵皆左手，祭荐皆右手。

[5-6] 凡祭荐者坐，祭俎者兴；祭荐者执爵，祭俎者奠爵。

[5-7] 凡祭荐不挩手，祭俎则挩手。

[5-8] 凡祭酒，礼盛者啐酒，不盛者不啐酒，祭肺；礼盛者祭肺，不盛者不祭肺。

[5-9] 凡祭皆于笾豆之间，或上豆之间。

[5-12] 凡脯醢谓之荐，出自东房。

[5-13] 凡牲皆用右胖，唯变礼反吉用左胖。

[5-16] 凡肺皆有二，一举肺，一祭肺。

[5-17] 凡牲，杀曰饔，生曰饩；饔之属皆陈于堂上下，饩之属皆陈于门内外。

[6-4] 凡宾、主人相见，皆行受挚之礼。

[6-7] 凡为人使者，正礼毕，则行私觌或私面之礼。

[6-18] 凡聘、问、觐皆于朝，会同于坛，士相见于寝。

[13-2] 凡燕四方之宾客，略如燕其臣之礼。

士相见礼　　27

士相见礼所涉方位图一览表[1]

		杨复《仪礼图》	张惠言《仪礼图》	黄以周《礼书通故》	吴之英《寿栎庐仪礼奭固礼事图》	黄佐《泰泉乡礼》
一、士相见	1. 士见士	士相见受挚图38	士相见1661	士相见礼2111	士相见236	士相见受挚图655
	2. 士还挚				还挚236	
二、见大夫、见国君等诸仪	3. 士见大夫				士见大夫237	
	4. 士尝为大夫臣者见于大夫				旧臣见大夫237	
	5. 大夫相见				下大夫相见238 上大夫相见238	
士相见礼第三	6. 大夫士庶人见于君				始见君239	
	7. 他邦之人见于君					
	8. 燕见于君					
记文	9. 进言之法					
	10. 侍坐于君子之法					
	11. 臣侍坐赐食赐饮及退去之仪					
	12. 先生异爵者见士					
	13. 广言称谓及执币玉之仪					

[1] 由于附表内容较为琐碎,故将其所涉礼图出处以数字表格形式于表格中标示出来。如杨复《仪礼图》一列"士相见受挚图38",指的是本图详见文渊阁版《四库全书》,上海古籍出版社2002年,第104册,第38页。张惠言《仪礼图》一列"士相见1661",指的是本图详见阮元、王先谦辑校之《皇清经解续编》,凤凰出版社2005年,第2册,第1661页。黄以周《礼书通故》一列"士相见礼2111",指的是本图详见《续修四库全书》,上海古籍出版社2001年,第112册,第2111页。吴之英《寿栎庐仪礼奭固礼事图》一列"士相见236",指的是本图详见《续修四库全书》,上海古籍出版社2001年,第94册,第236页。黄佐《泰泉乡礼》一列"士相见受挚图655",指的是本图详见文渊阁版《四库全书》,上海古籍出版社2002年,第142册,第655页。以下所涉方位图一览表与此相同,不再复述。

聘 礼

聘礼方位图

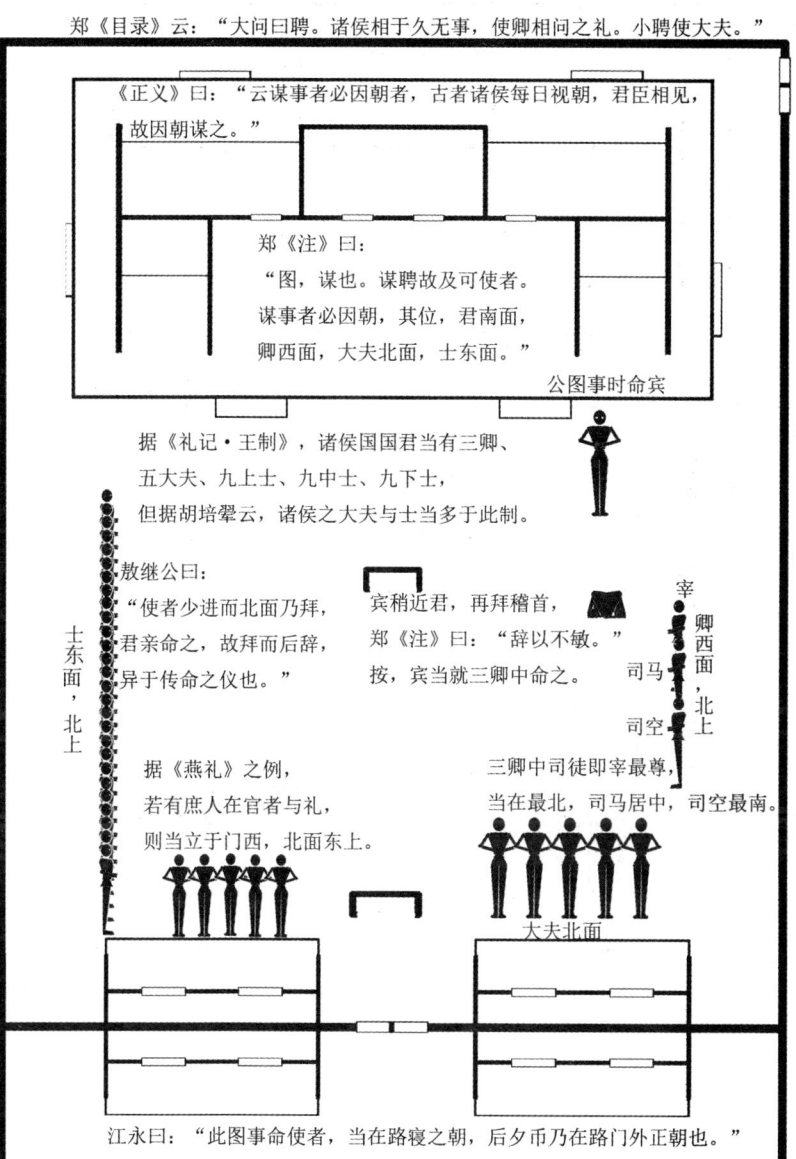

8-1-1 命使图一

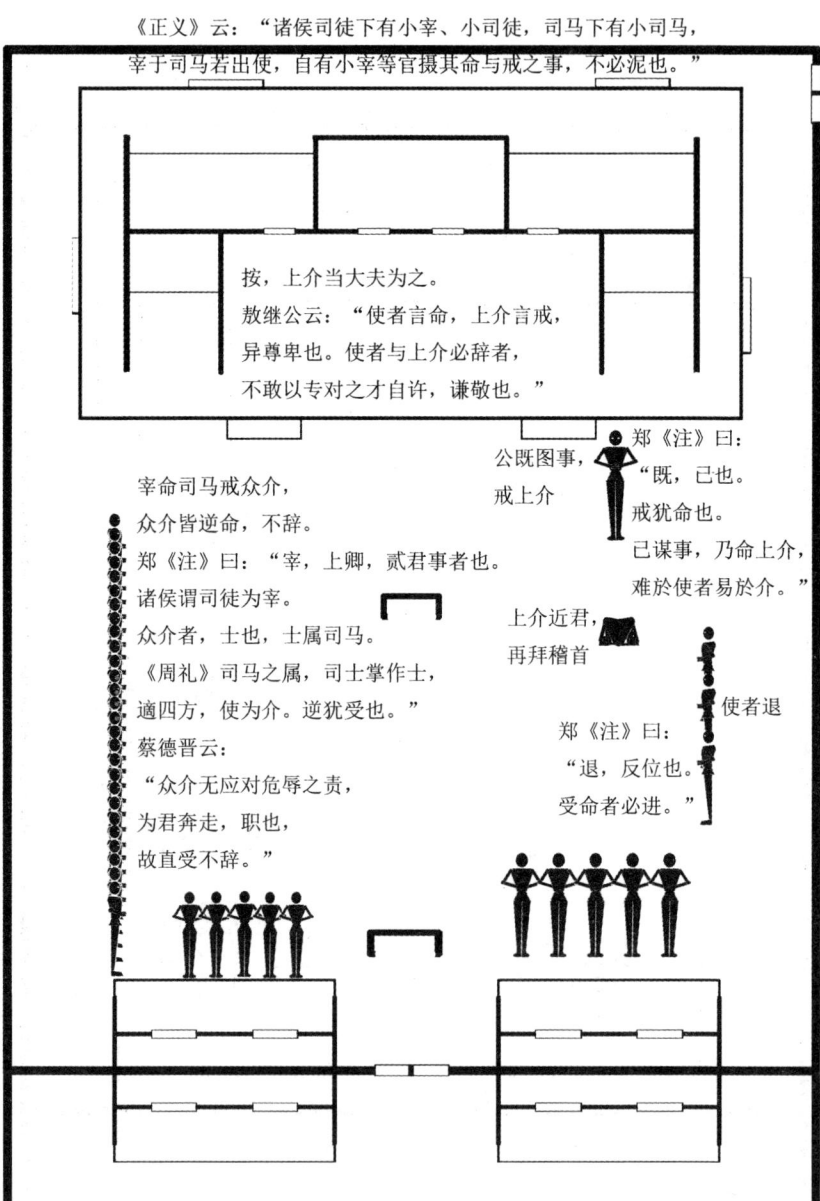

8-1-2 命使图二

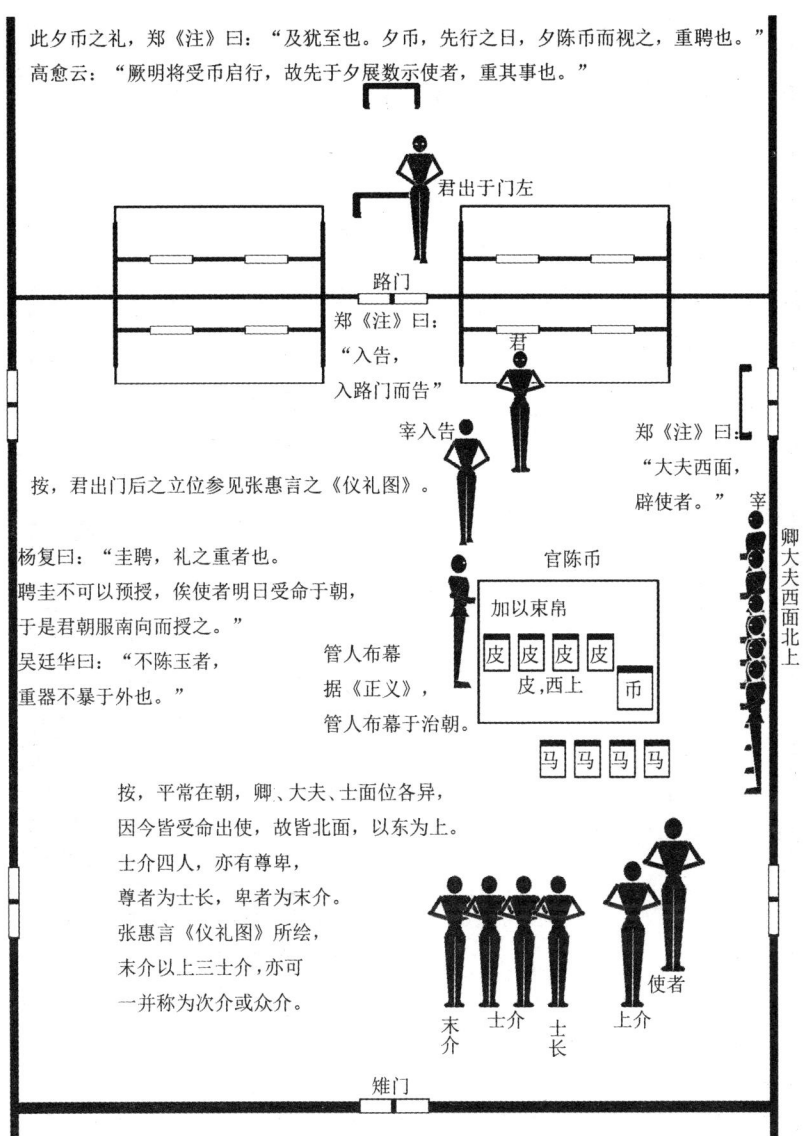

8-2-1 书币图一

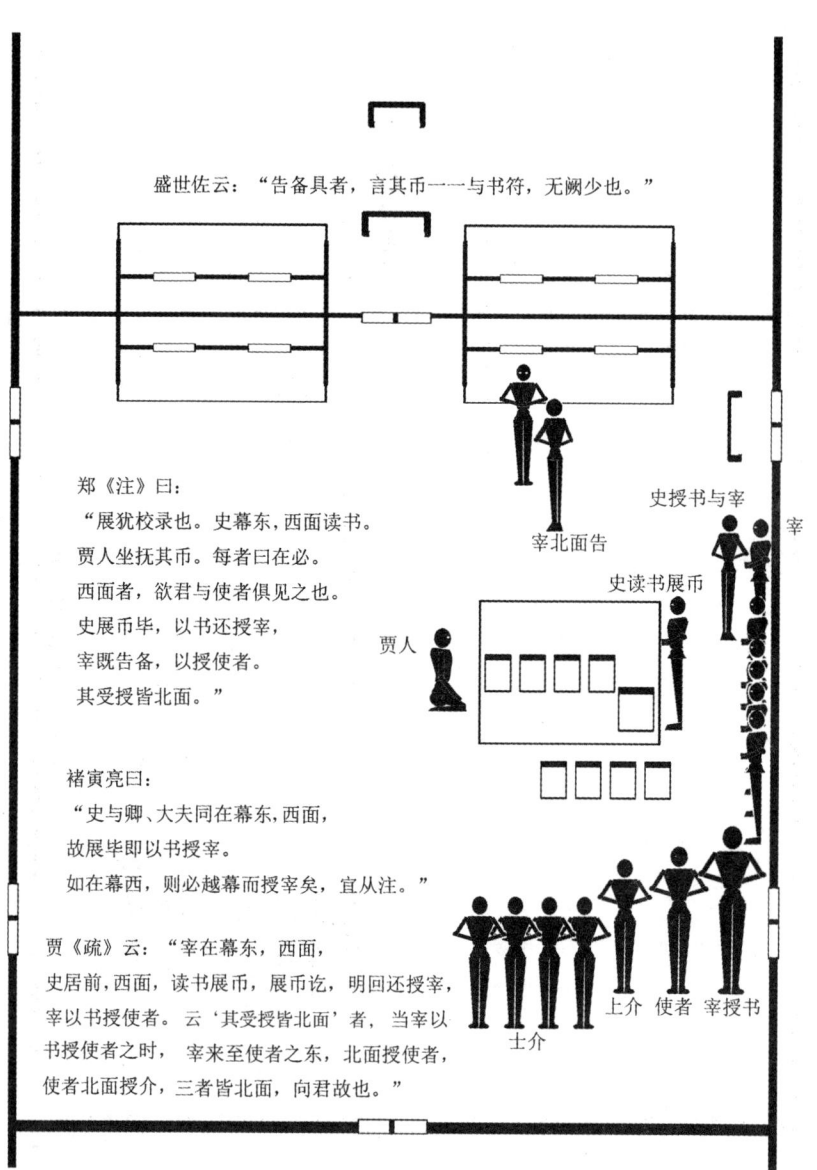

盛世佐云："告备具者，言其币一一一与书符，无阙少也。"

郑《注》曰：
"展犹校录也。史幕东，西面读书。
贾人坐抚其币。每者曰在必。
西面者，欲君与使者俱见之也。
史展币毕，以书还授宰，
宰既告备，以授使者。
其受授皆北面。"

褚寅亮曰：
"史与卿、大夫同在幕东，西面，
故展毕即以书授宰。
如在幕西，则必越幕而授宰矣，宜从注。"

贾《疏》云："宰在幕东，西面，
史居前，西面，读书展币，展币讫，明回还授宰，
宰以书授使者。云'其受授皆北面'者，当宰以
书授使者之时，宰来至使者之东，北面授使者，
使者北面授介，三者皆北面，向君故也。"

8-2-2 书币图二

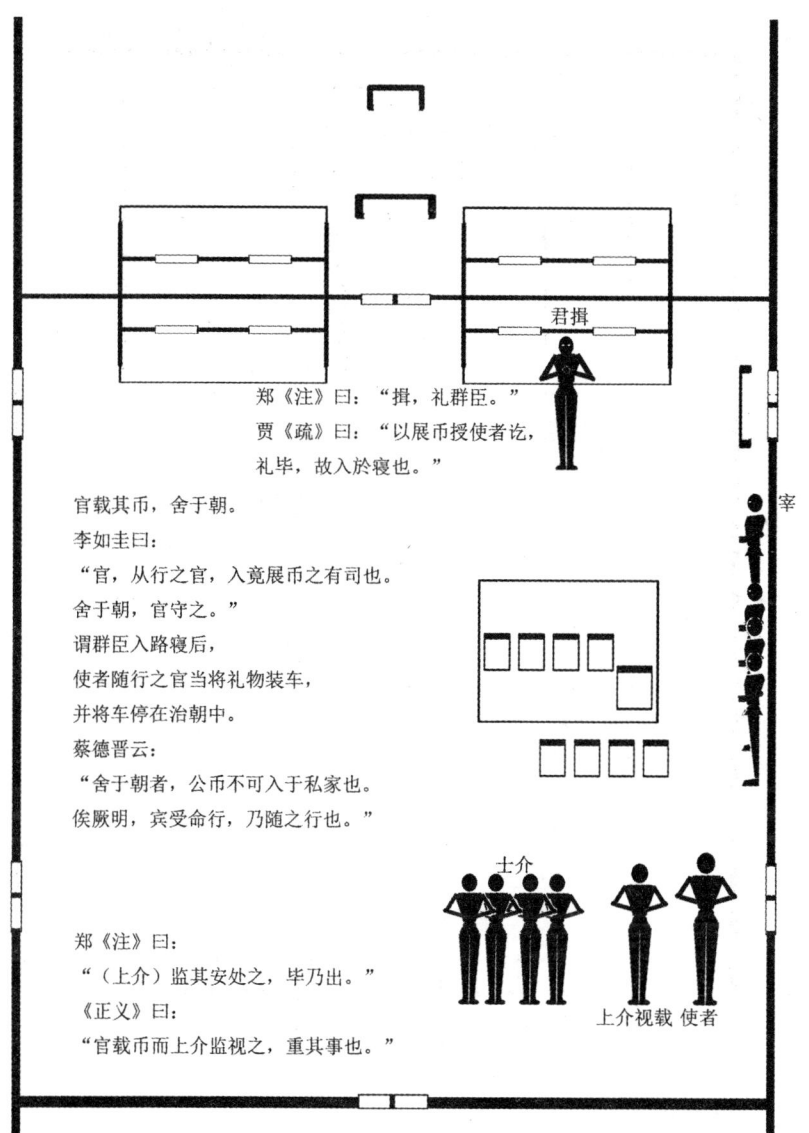

8-2-3 书币图三

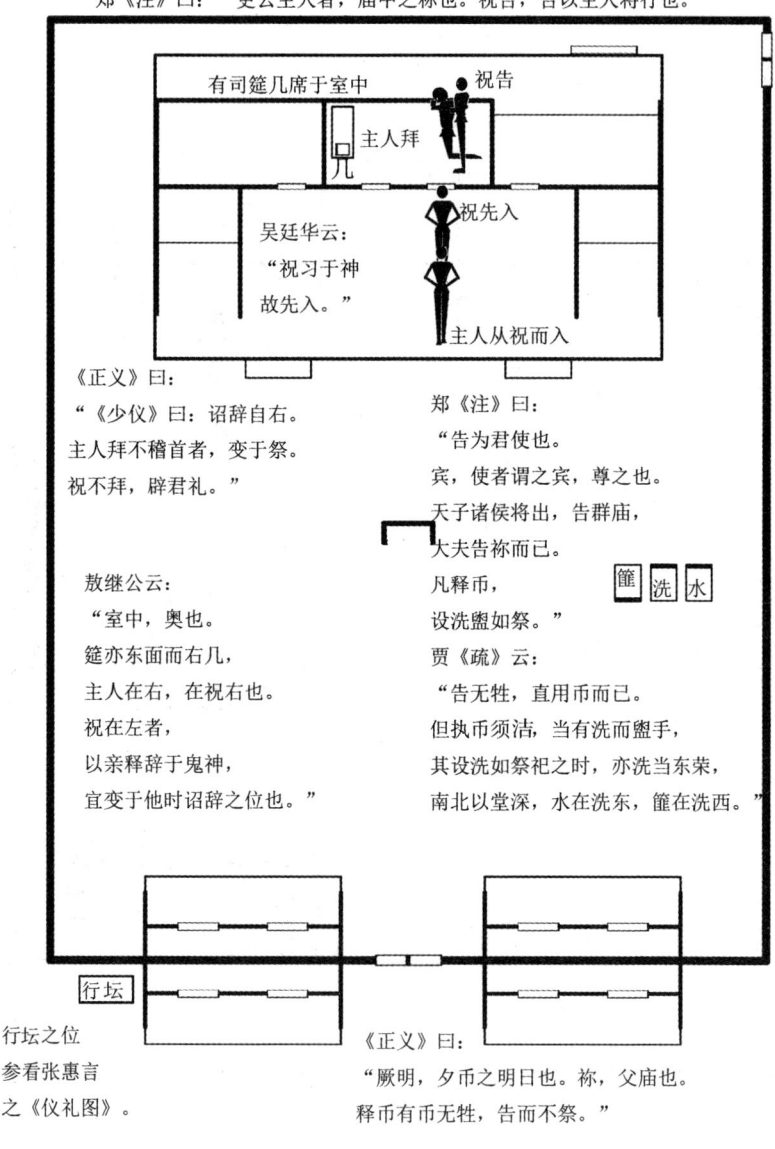

8-3-1　将行释币告祢舆行图一

币，郑《注》曰："祝释之也。凡物十曰束。玄纁之率，玄居三，纁居二。《朝贡礼》云：纯，四只。制，丈八尺。"

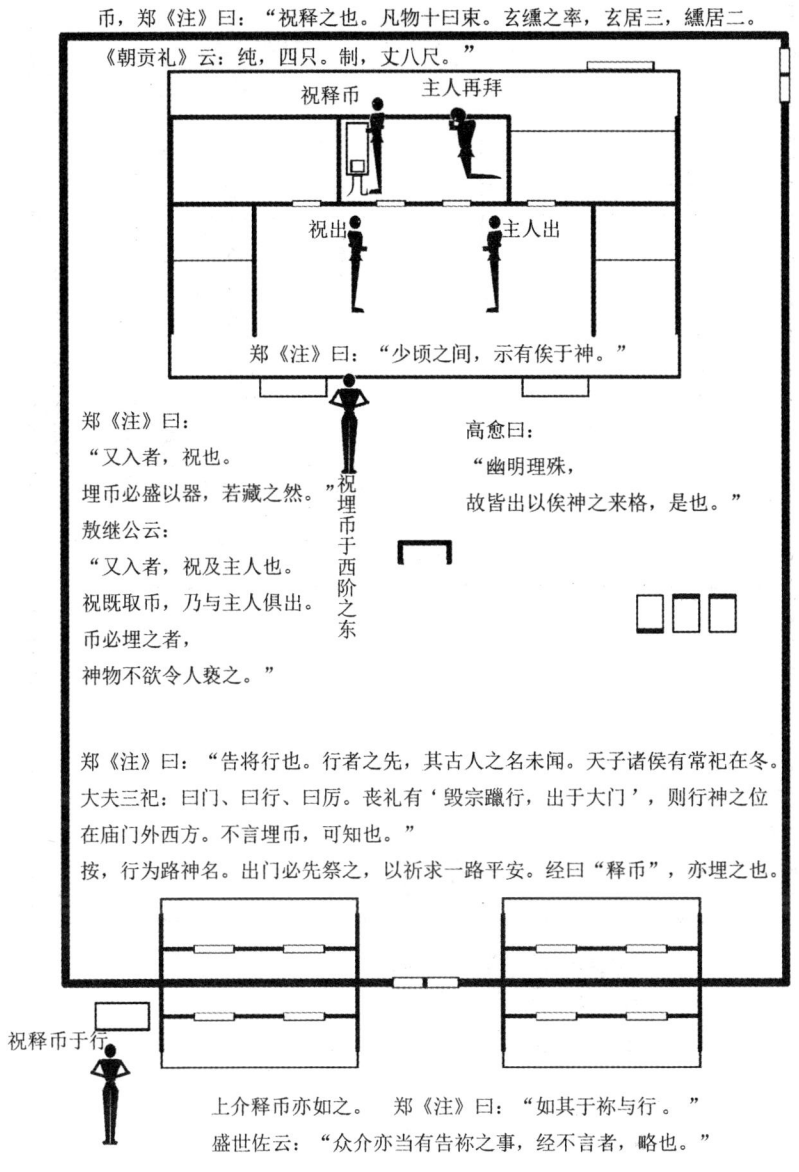

8-3-2 将行释币告祢舆行图二

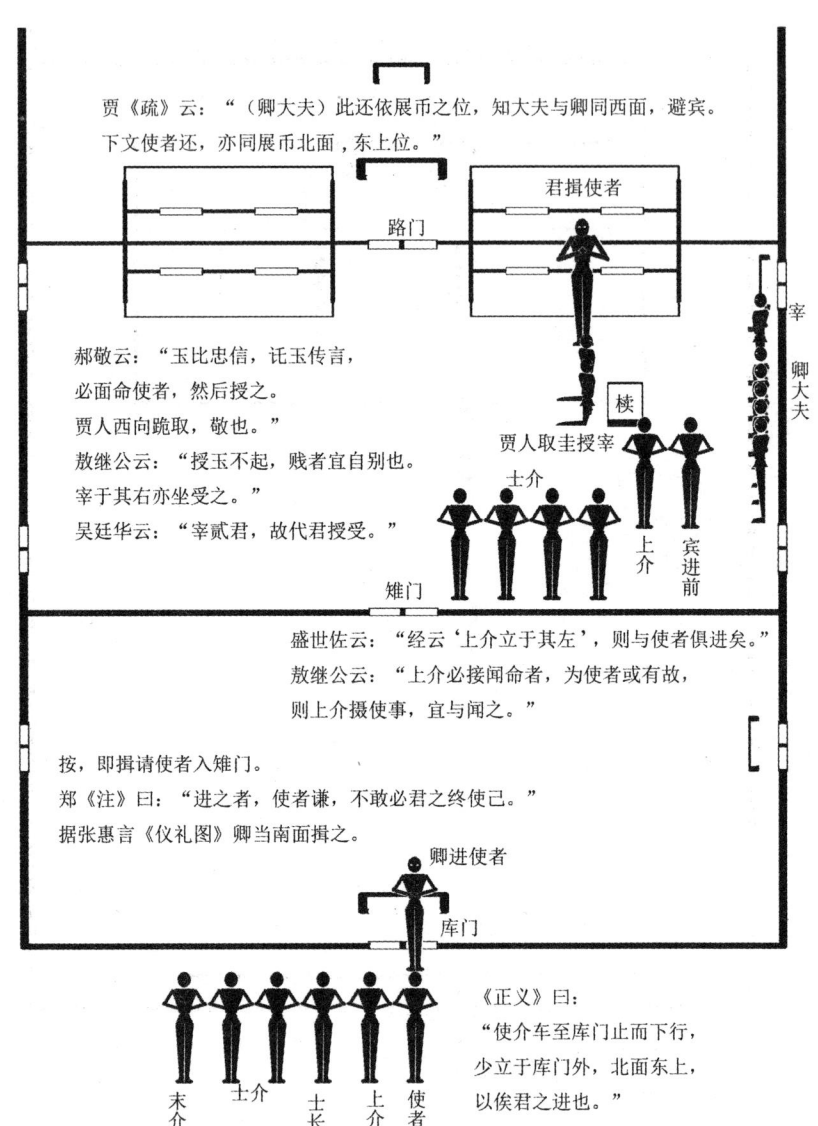

8-4-1 受命，遂行图一

聘 礼 39

按，受璧、璋、琮，皆如初。郑《注》曰："享，献也。既聘又献，所以厚恩惠也。
帛，今之璧色缯也。夫人亦有聘享者，以其与己同体，为国小君也。其聘用璋，取其
半圭也。君享用璧，夫人用琮，天地配合之象也。圭璋特达，瑞也；璧琮有加，往德也。"

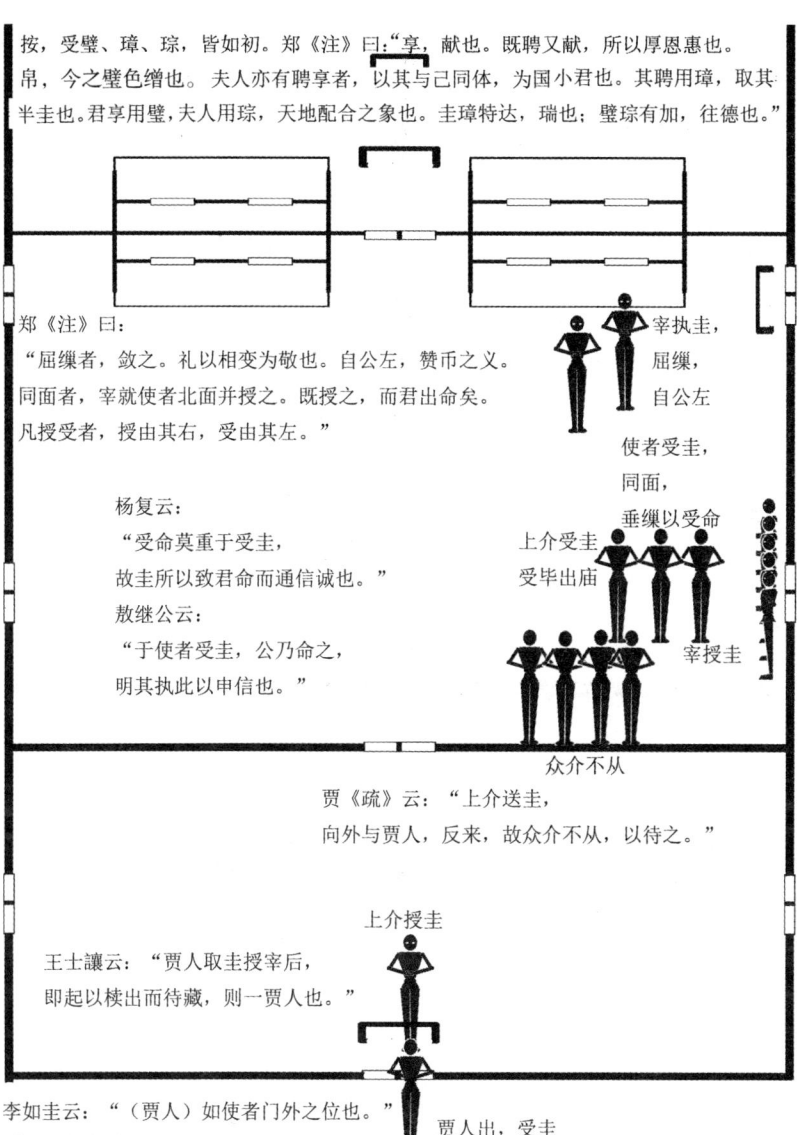

郑《注》曰：
"屈缫者，敛之。礼以相变为敬也。自公左，赞币之义。
同面者，宰就使者北面并授之。既授之，而君出命矣。
凡授受者，授由其右，受由其左。"

杨复云：
"受命莫重于受圭，
故圭所以致君命而通信诚也。"
敖继公云：
"于使者受圭，公乃命之，
明其执此以申信也。"

贾《疏》云："上介送圭，
向外与贾人，反来，故众介不从，以待之。"

王士让云："贾人取圭授宰后，
即起以椟出而待藏，则一贾人也。"

李如圭云："（贾人）如使者门外之位也。"
则知贾人北面。

8-4-2　受命，遂行图二

使者

《正义》曰：
"云'宾南面，专威信'者，
以士众从行在外，恃宾为统帅，
故使南面以专威信耳。
云'史于众介之前，北面读书'者，
以众介北面，东上，
明从行之众皆北面，可知。
故读于其前，使众共闻也。
云'司马，主军法者，执策示罚'者，
言司马执策立于史后，
明书在而法随之，
有犯必罚也。"

上介

史读书

郑《注》曰：
"至竟而假道，诸侯以国为家，
不敢直径也。将犹奉也。
帅犹道也，请道己道路所当由。
此使次介假道，止而誓也。
宾南面，专威信也。
史于众介之前，北面读书，
以敕告士众，为其犯礼暴掠也。
礼，君行师从，卿行旅从。
司马，主军法者，执策示罚。"

司马执策

末介　　　士长
　　众介东上

国境线

按，所过国会给予使者一行人以礼物。
即"饩之以其礼"。
郑玄认为："凡赐人以牲，生曰饩。
饩犹禀也，给也。
以其礼者，尊卑有常差也。
常差者，上宾、上介牲用大牢，
群介用少牢。
米皆百筥，牲陈于门内之西，北面。
米设于中庭。
上宾、上介致之以束帛，
群介则牵羊焉。
上宾有禾十车、刍二十车，禾以秣马。"

敖继公云：
"次介，士也。
假道礼轻，故使士介。"
吴廷华云：
"使士介者，上介贰宾誓众也。"
高愈云：
"封境各有专守，不敢逾越，
故古者必假道，已尽过宾之礼。"

次介假道

8-5-1　过邦假道图

帷其北，以明方向。贾《疏》云："虽不立主人，宾介习礼宜有所向，故帷其北也。"

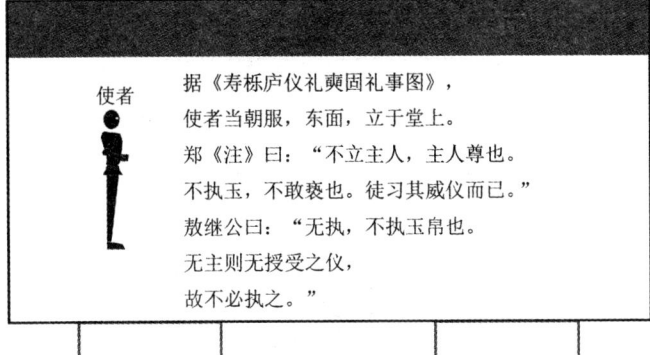

此为入境之前
宾从者用土堆成的墙坛，
形制不详。
郑《注》曰："墙土象坛也。
帷其北，宜有所乡依也。
无宫，不墙土，画外垣也"
敖继公云："筑坛而卑曰墙坛。坛卑故画阶，必画阶者，习升降之仪也。"

据《正义》，此言"将至豫习威仪"。
未入竟，壹肄。
郑《注》曰："谓于所聘之国竟也。
肄，习也。习聘之威仪，重失误。"

郑《注》曰："庭实必执之者，
皮则有摄张之节。"
贾《疏》曰："此所习之礼，
不习大门外内及庙门内之礼者，
以其于外威仪少而易行，故略之。
但习入庙聘享、揖让、升降、
布币、授玉之礼。"

介皆与，北面，西上。

宫当有围墙，但墙坛无须标示，
吴廷华云："不画外垣，礼所不及也。"

8-6-1　豫习威仪图

李如圭云:"宾訝则南面,专众也;展币则西面,将命也。"
吴廷华云:"宾立于幕东,西面,异于夕币之位,贾人北面,以宾西面故也。"

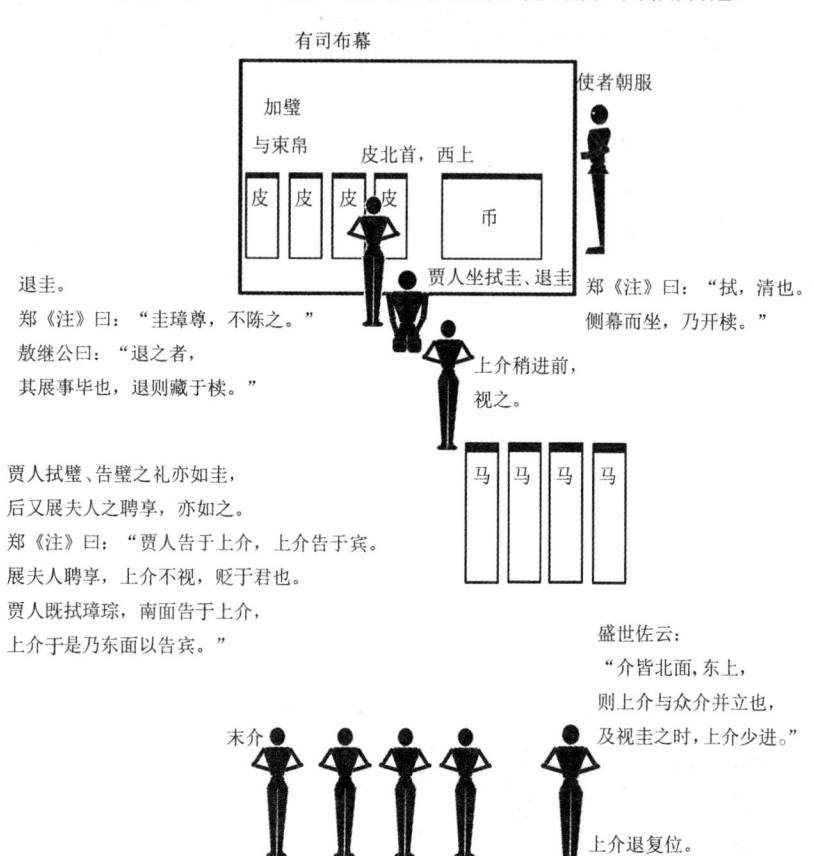

退圭。
郑《注》曰:"圭璋尊,不陈之。"
敖继公曰:"退之者,
其展事毕也,退则藏于椟。"

贾人拭璧、告璧之礼亦如圭,
后又展夫人之聘享,亦如之。
郑《注》曰:"贾人告于上介,上介告于宾。
展夫人聘享,上介不视,贬于君也。
贾人既拭璋琮,南面告于上介,
上介于是乃东面以告宾。"

此展币之礼,郑《注》曰:"复校录币,重其事。"谓展币为重其事之故也。
郝敬云:"展,展视玉帛皮马之类,恐远道赍持疏虞也。"

8-8-1 入竟展币图一

《正义》曰:"贾人、上介,本皆北面,告上介则贾人转而南面,告宾则上介转而东面,以宾西面故也。"

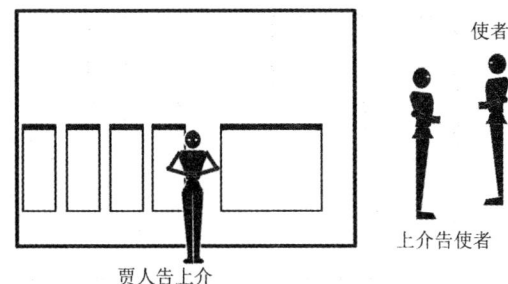

上介告使者

贾人告上介

有司展群币之位参见
吴之英《寿栎庐仪礼固奭礼事图》

郑《注》曰:
"群币,私觌及大夫者。
有司,载币者,
自展自告。"
江永云:
"私觌亦公家之币,
但对享礼为私耳。"

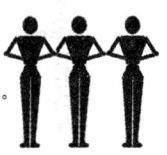 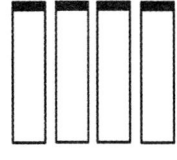

有司展群币,以告

上介

按,使者一行人当三次展币,三次分别为:
进入主国国境,到达主国远郊,到达位于远郊的贾人所居住的馆舍。
郑《注》曰:"郊,远郊也。周制,天子畿内千里,远郊百里。以此差之,远郊上公五十里,侯伯三十里,子男十里也。近郊各半之。馆,舍也。远郊之内有候馆,可以小休止沐浴。展币不于宾馆者,为主国之人有劳问己者就焉,便疾也。"

8-8-2 入竟展币图二

按，此郊劳礼，即主国派大夫在郊慰劳使者，卿劳宾于舍，舍即途中所以止客者。其形制不详。故本图参张惠言之《仪礼图》。

使者，劳者、上介、老之位参见张惠言之《仪礼图》。

据《聘礼·记文》，若小聘，或主国国君去世，则不行郊劳之礼。

卿不答拜，为人使者也。
郑《注》曰："（受于舍门内）不受于堂，此主于侯伯之臣也。公之臣，受劳于堂。"

郑《注》曰："出请，出门西面，请所以来事也。入告，入北面告宾也。每所及至，皆有舍。其有来者者，皆出请入告，于此言之者，宾弥尊，事弥录。"

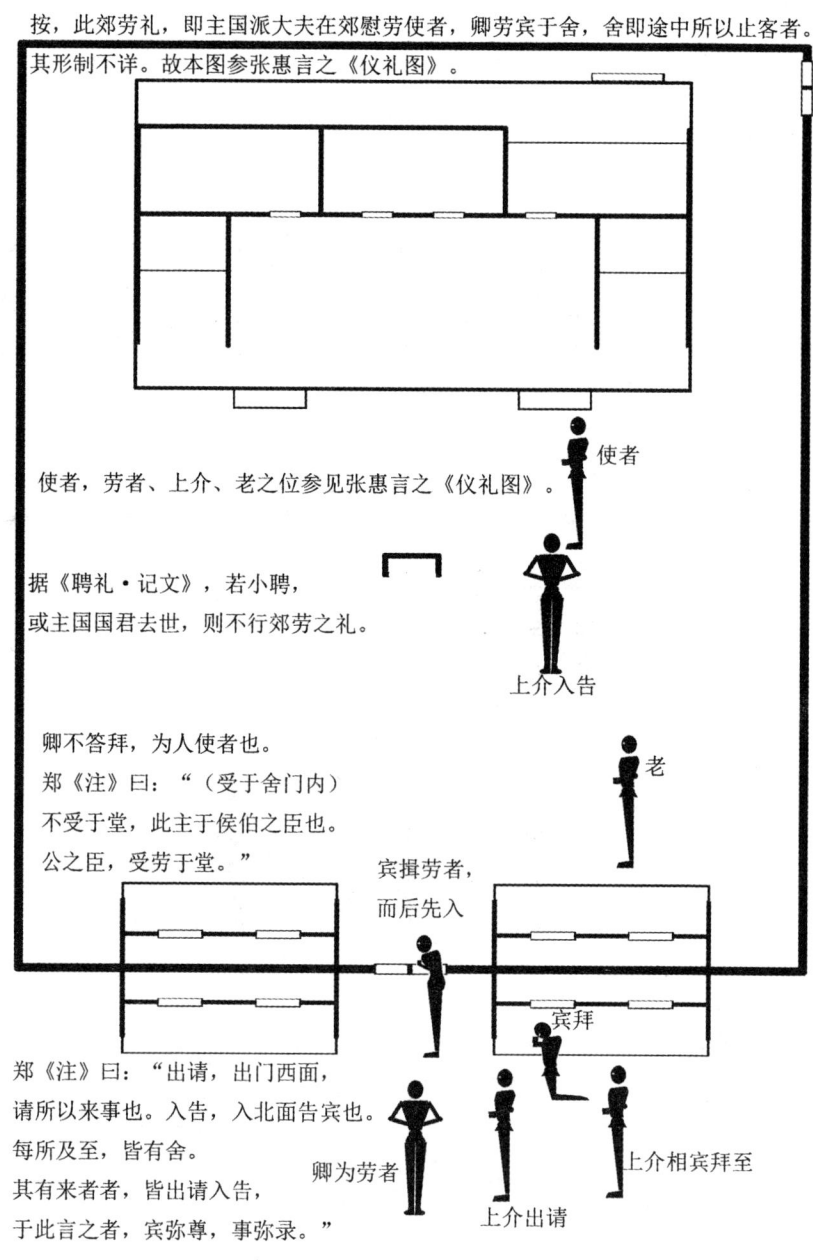

8-9-1　郊劳图一

聘 礼 45

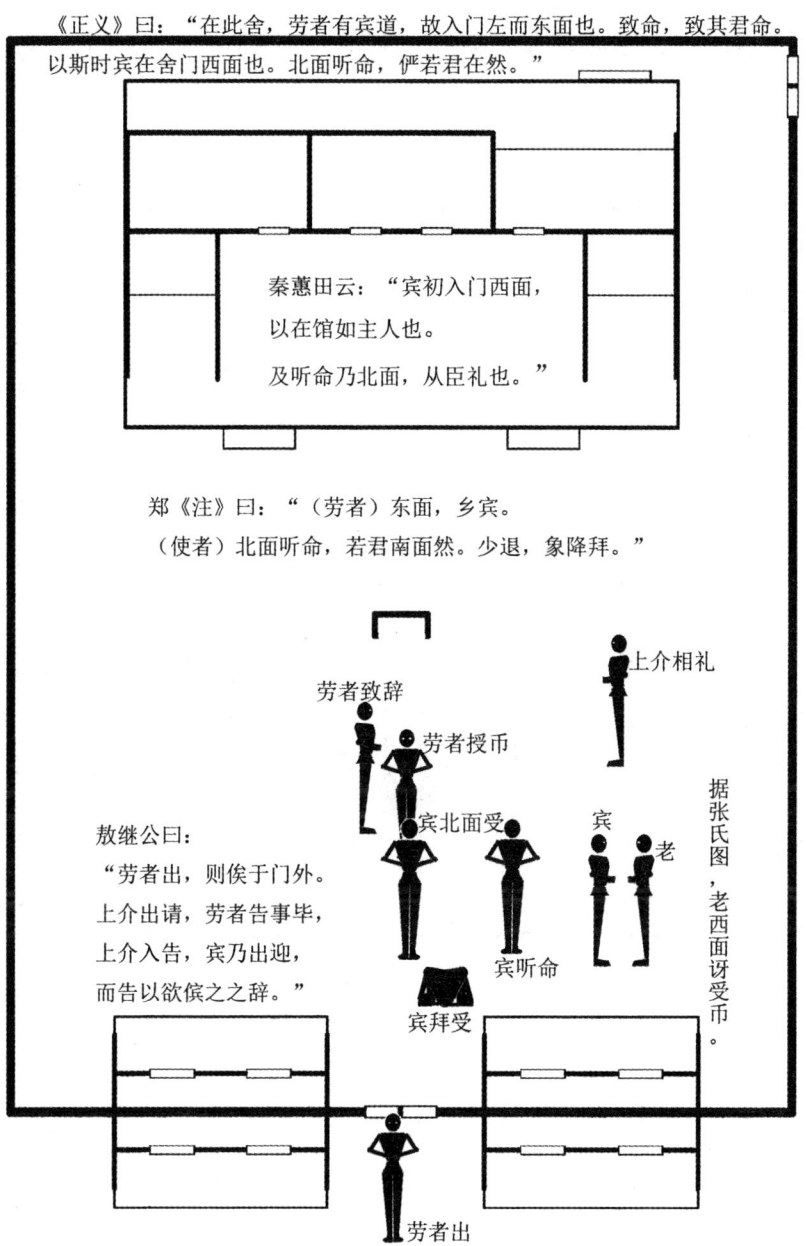

8-9-2 郊劳图二

按，劳者礼成，夫人使下大夫以竹簋方（内装枣、栗）劳宾，宾受之如初，亦俟劳者。

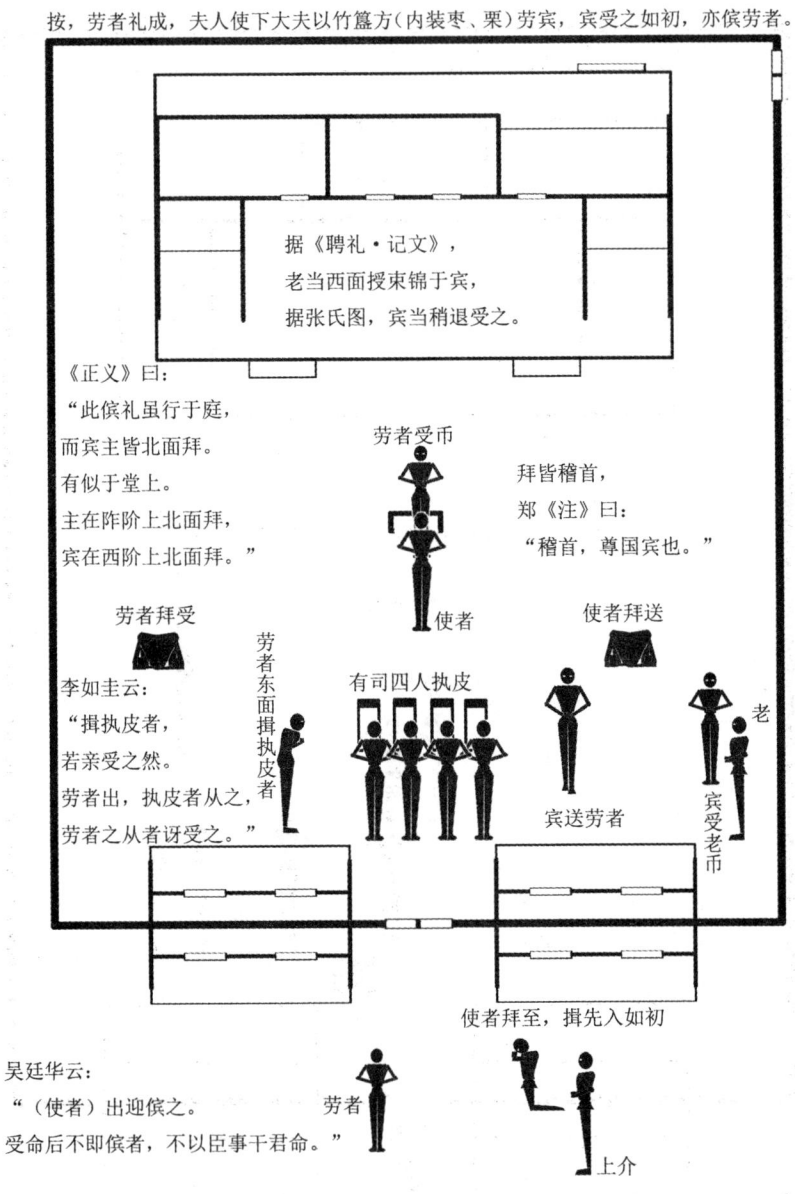

8-9-3 **郊劳图三**

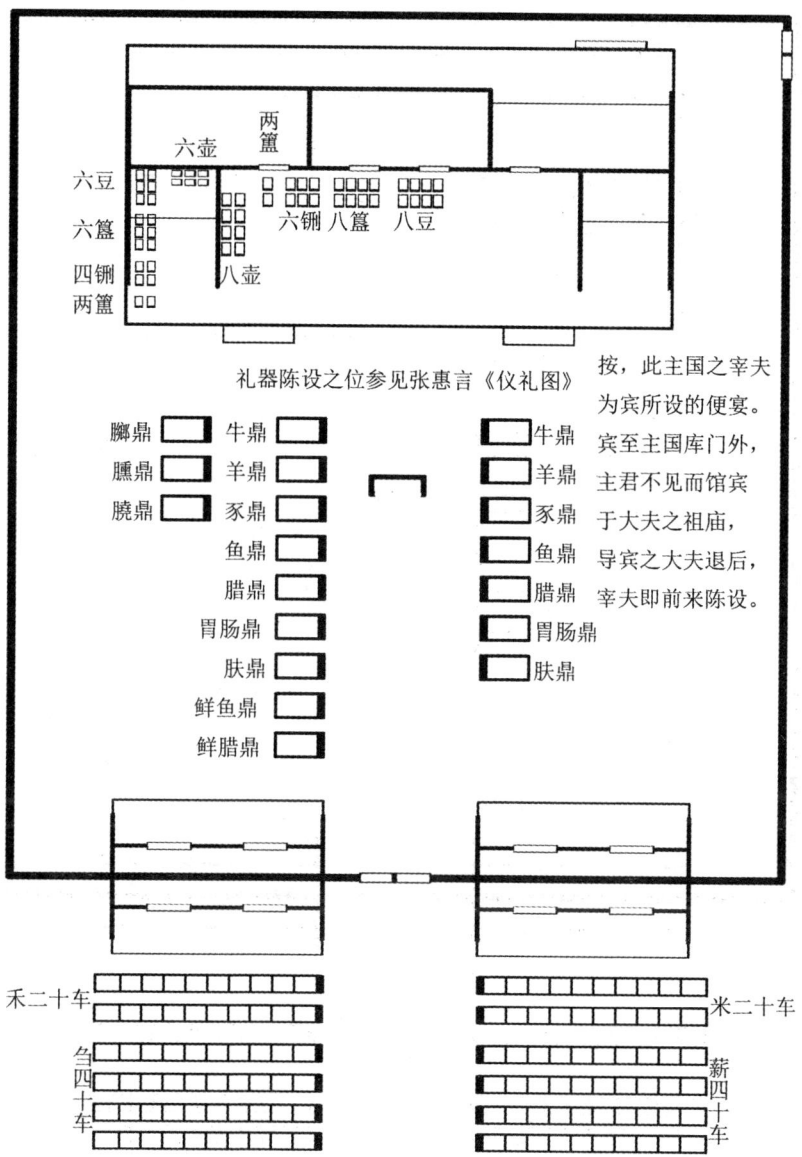

8-10-1 致馆设飧图一

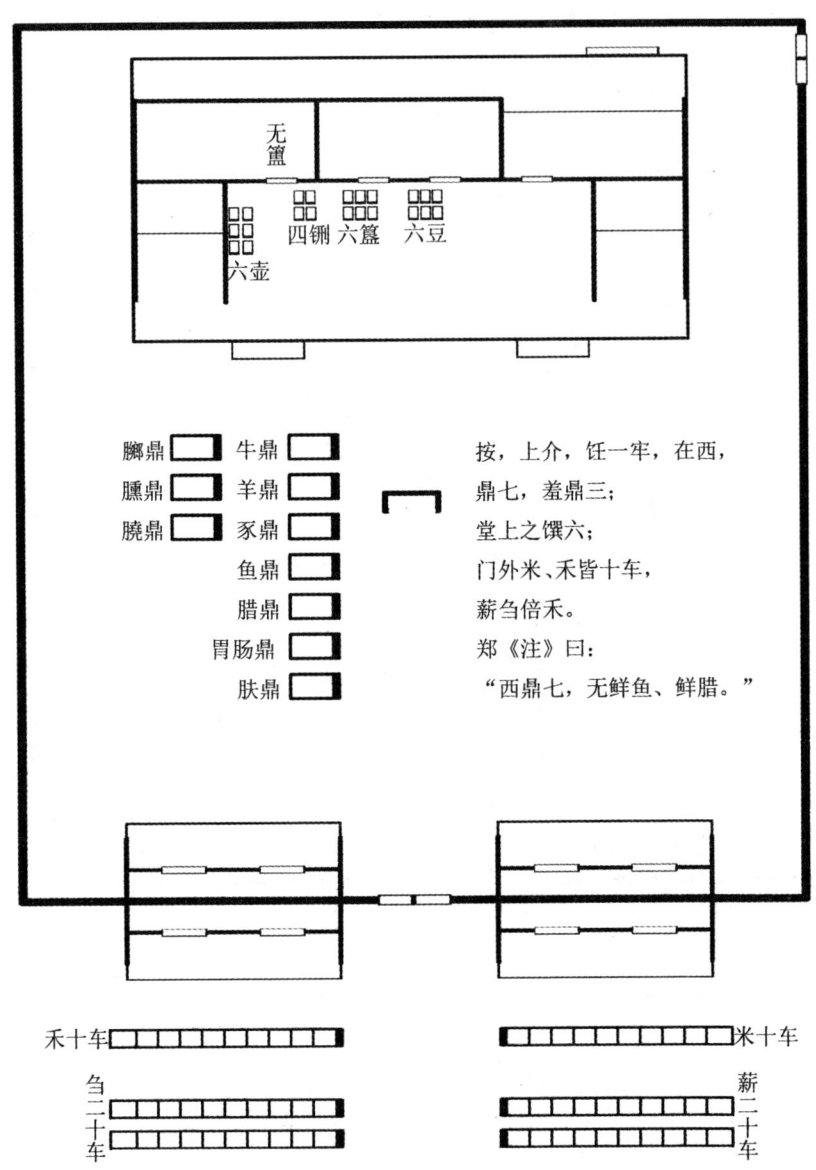

8-10-2 致馆设飧图二

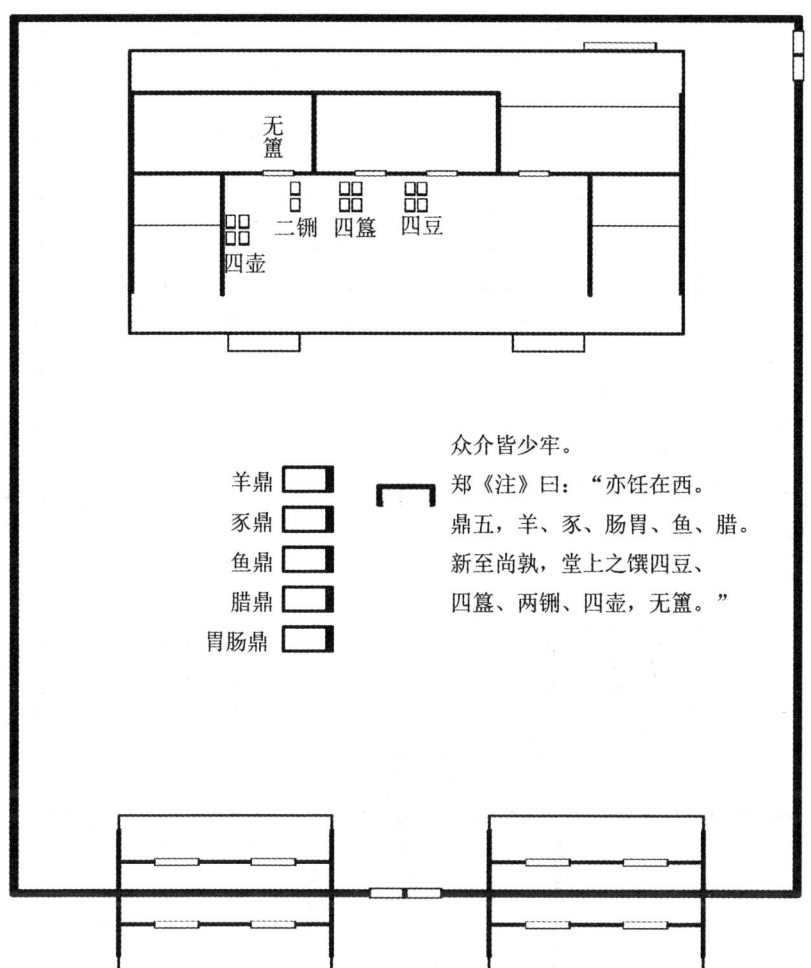

8-10-3　致馆设飧图三

郑《注》曰："摈，谓主国之君所使出接宾者也。绍，继也，其位相承继而出也。主君，公也，则摈者五人；侯伯也，则摈者四人；子男也，则摈者三人。《聘义》曰：'介绍而传命，君子于其所尊不敢质，敬之至也。'既知其所从来之事，复请之者，宾来当与主君为礼，为其谦不敢斥尊者，启发以进之。……止揖而请事，还入告于公。天子诸侯朝觐，乃命介绍传命耳。"

郑《注》曰："公不出大门，降于待其君也。大夫，上摈也，谓之大夫者，上序可知。从大夫总，无所别也。于是宾、主人皆裼。（门左）内宾位也。众介随入，北面西上少退，摈者亦入门而右，北面东上，上摈进相君。"

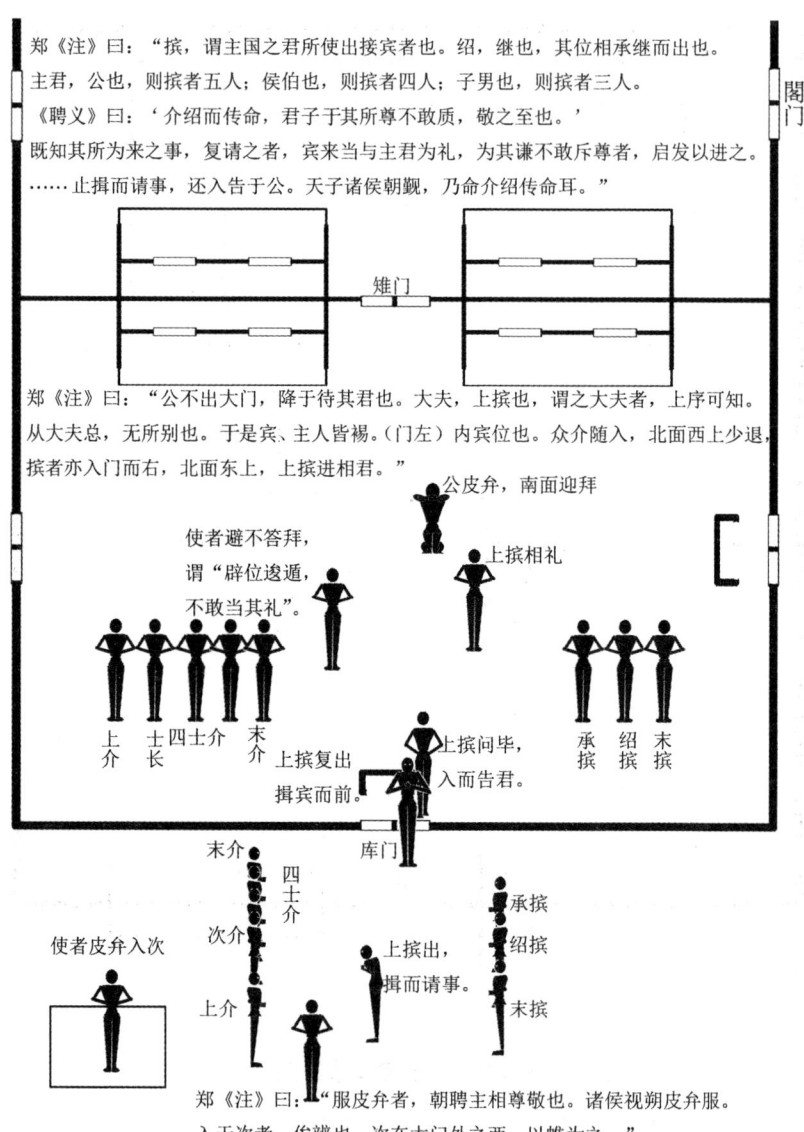

郑《注》曰："服皮弁者，朝聘主相尊敬也。诸侯视朔皮弁服。入于次者，俟辨也。次在大门外之西，以帷为之。"

8-11-1 聘享图一

公揖入，每门、每曲揖。
郑《注》曰："每门辄揖者，以相人偶为敬也。凡君与宾入门，宾必后君，介及摈者随之，并而雁行。既入，则或左或右，相去如初。《玉藻》曰：'君入门，介拂闑，大夫中枨与闑之间，士介拂枨。宾入不中门，不履阈。'此宾谓聘卿大夫也。门中，门之正也。不敢与君并由之，敬也。介与摈者雁行，卑不逾尊者之迹，亦敬也。宾之介，犹主人之摈。"

贾《疏》曰："诸侯三门，皋、应、路，则应门为中门，左宗庙，右社稷。入大门东行，即至庙门，其间得有每门者，诸侯有五庙，大祖之庙居中，二昭居东，二穆居西。庙皆别门，门外两边皆有南北隔墙，隔墙中夹通门。若然，祖庙已西，隔墙有三，则闱门亦有三。东行经三门，乃至大祖庙，门中则相逼，入门则相远，是以每门皆有曲，有曲即相揖，故'每曲揖'也。"

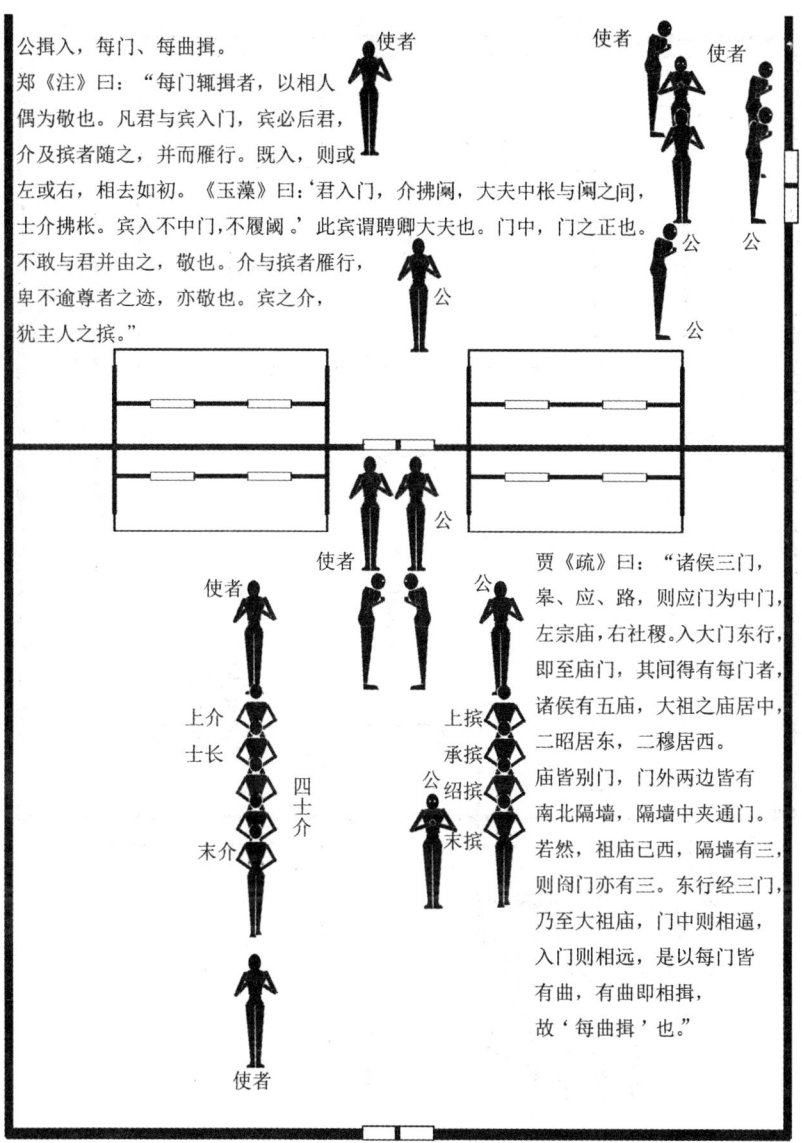

8-11-2 聘享图二

《正义》曰："受聘于庙中，宜依于神，盖临之以先君，以结二国之好。故为神设几筵也。"

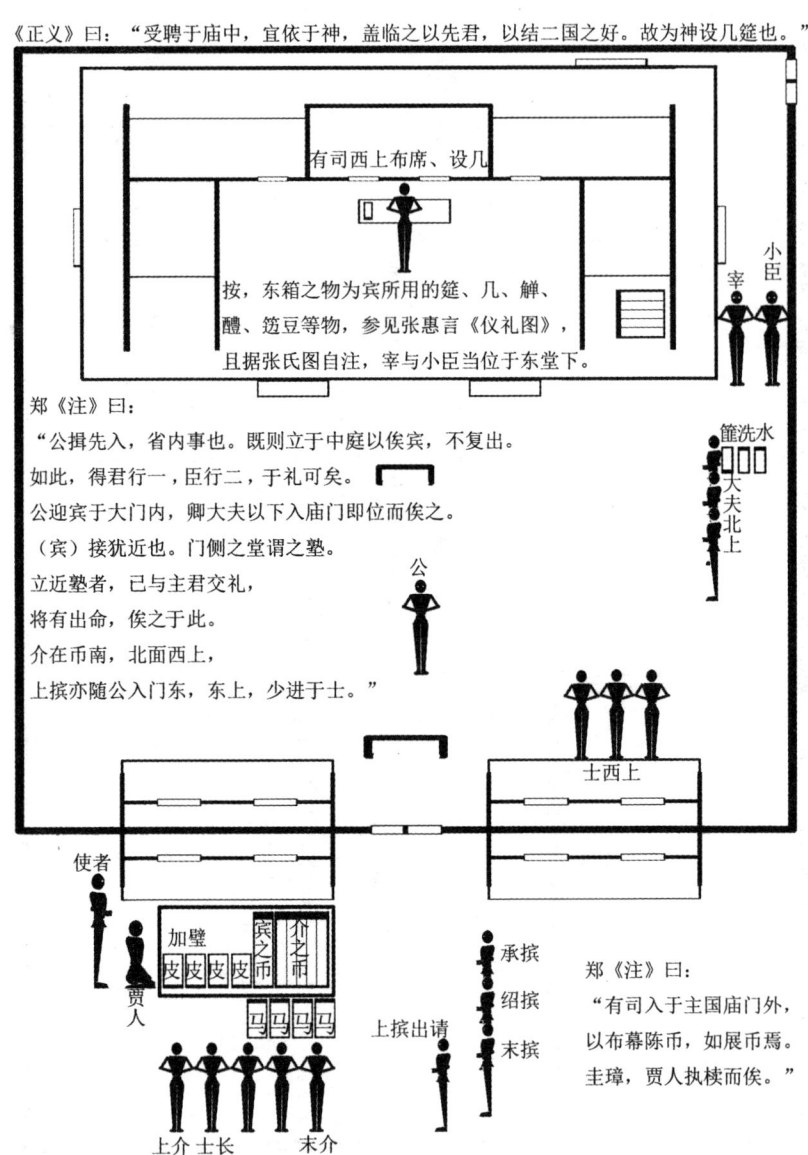

8-11-3　聘享图三

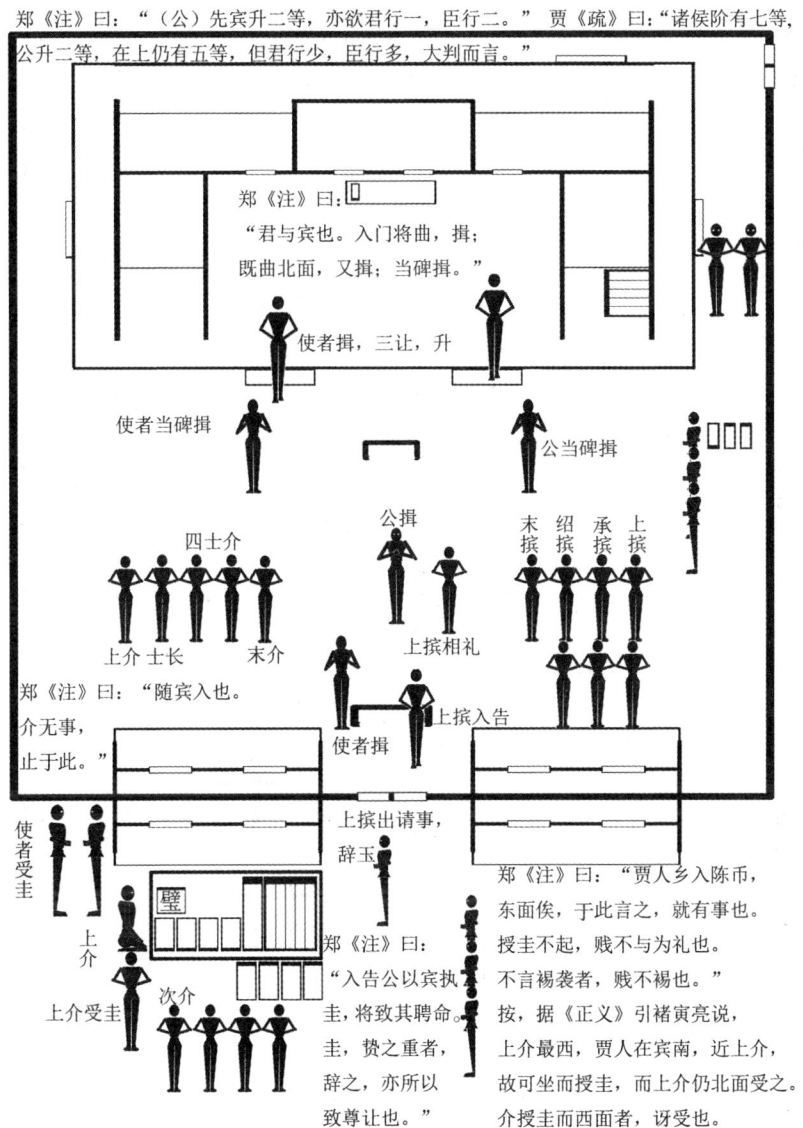

8-11-4 聘享图四

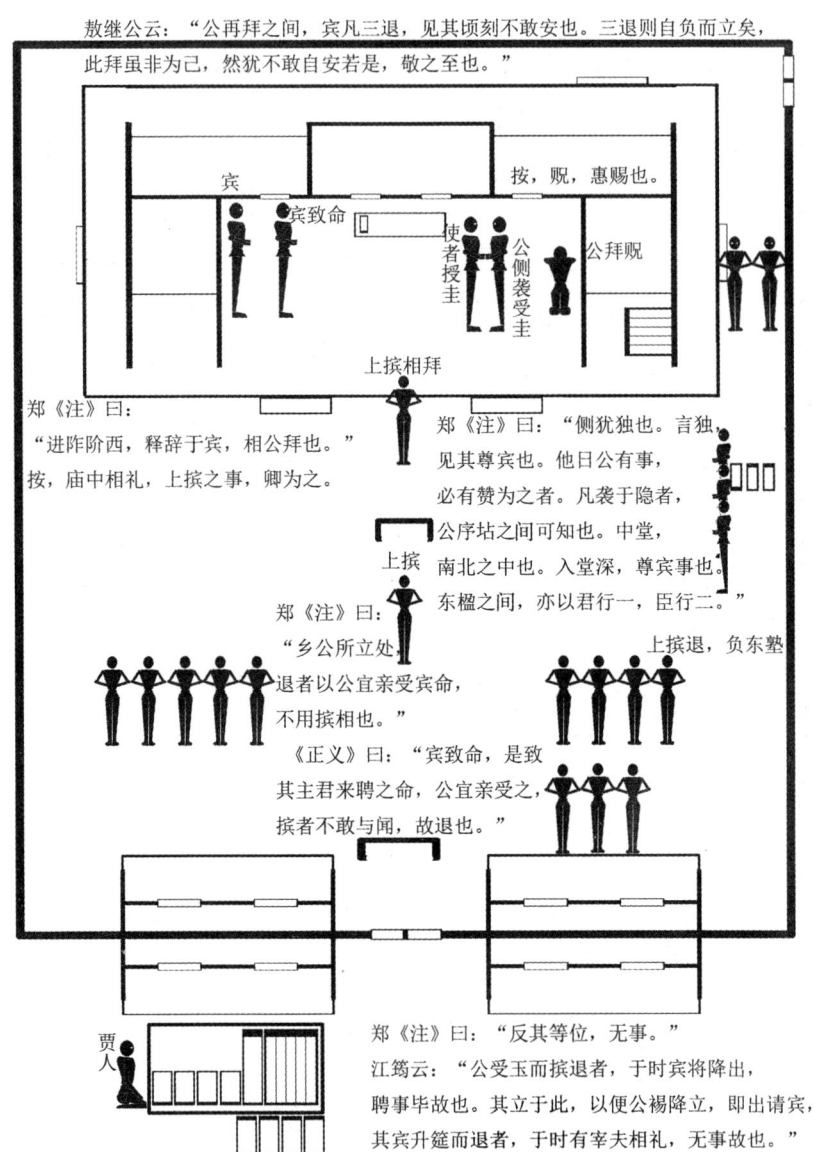

8-11-5 聘享图五

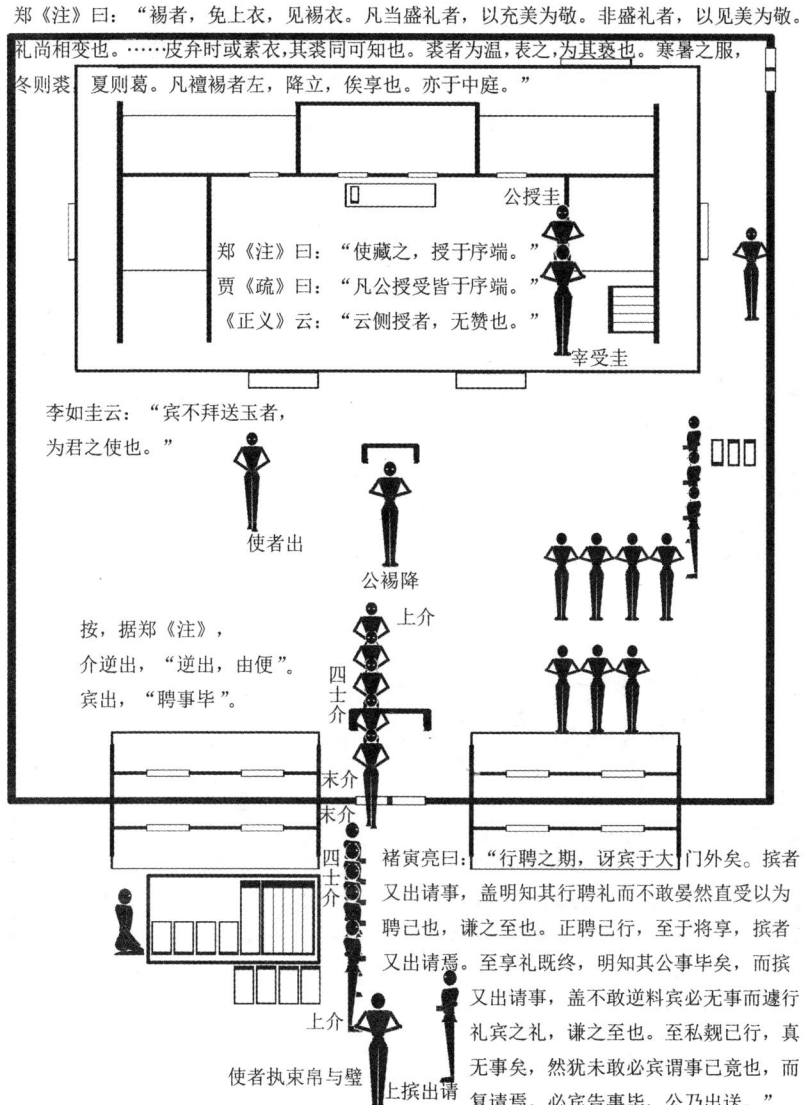

8-11-6 聘享图六

郑《注》曰："皮，虎豹之皮。摄之者，右手并执前足，左手并执后足，毛在内，不欲文之豫见也。内摄之者，两手相乡也。入设，亦参分庭一在南，言则者，或以马也。凡君于臣，臣于君，麋鹿皮可也。"

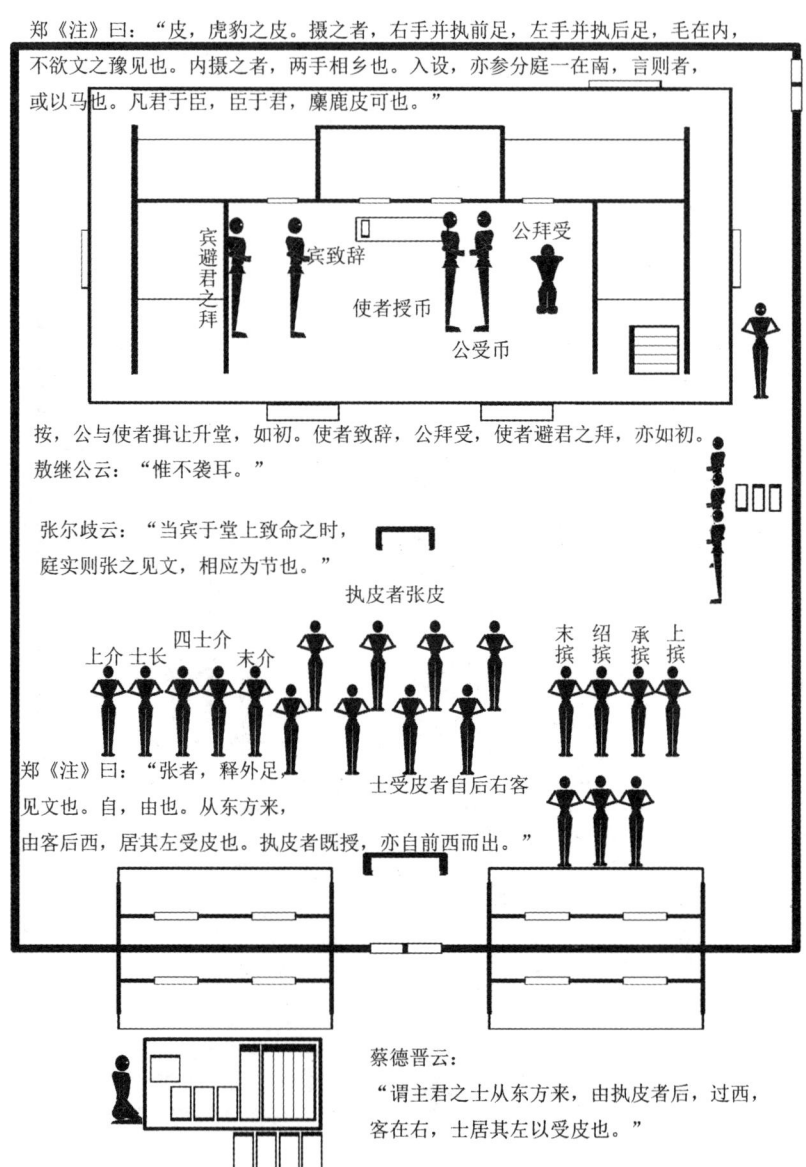

按，公与使者揖让升堂，如初。使者致辞，公拜受，使者避君之拜，亦如初。
敖继公云："惟不袭耳。"

张尔歧云："当宾于堂上致命之时，庭实则张之见文，相应为节也。"

郑《注》曰："张者，释外足见文也。自，由也。从东方来，由客后西，居其左受皮也。执皮者既授，亦自前西而出。"

蔡德晋云：
"谓主君之士从东方来，由执皮者后，过西，客在右，士居其左以受皮也。"

8-11-7　聘享图七

若有言，则以束帛，如享礼。郑《注》曰："有言，有所告请，若有所问也。记曰：'有故，则束帛加书以将命'。《春秋》臧孙辰告籴于齐，公子遂如楚乞师，晋侯使韩穿来言汶阳之田，皆是也。无庭实也。"

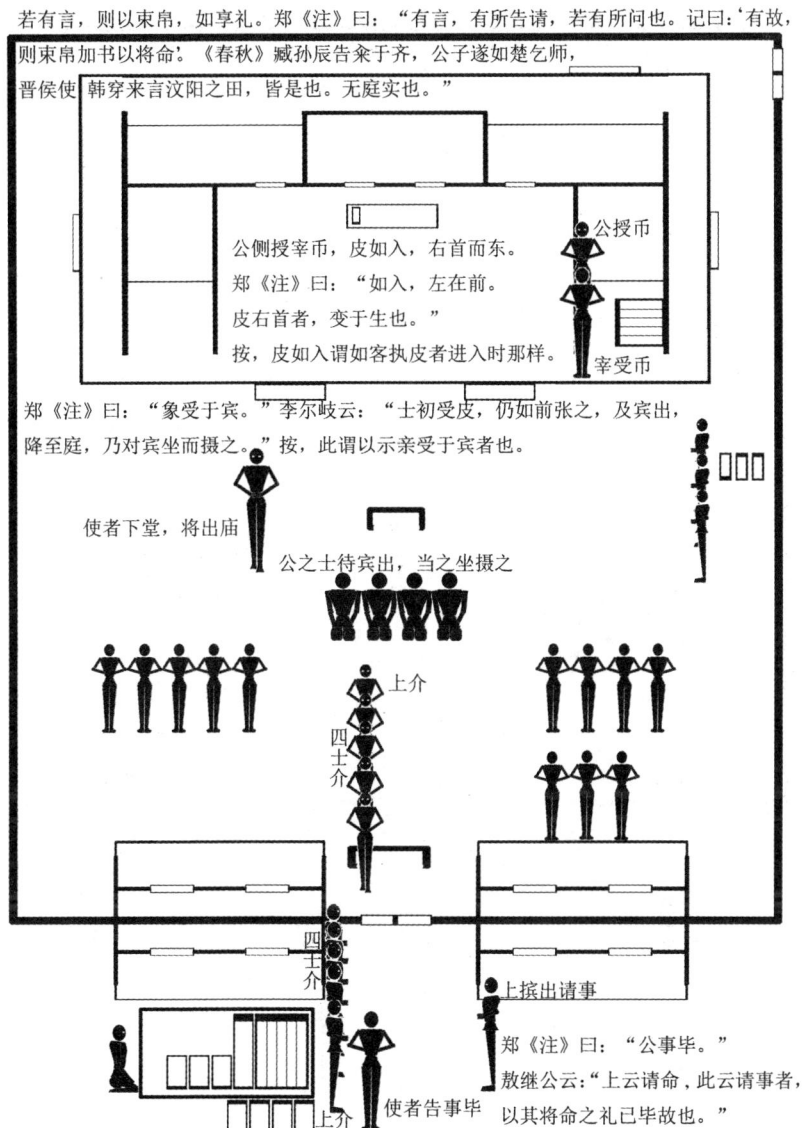

8-11-8　聘享图八

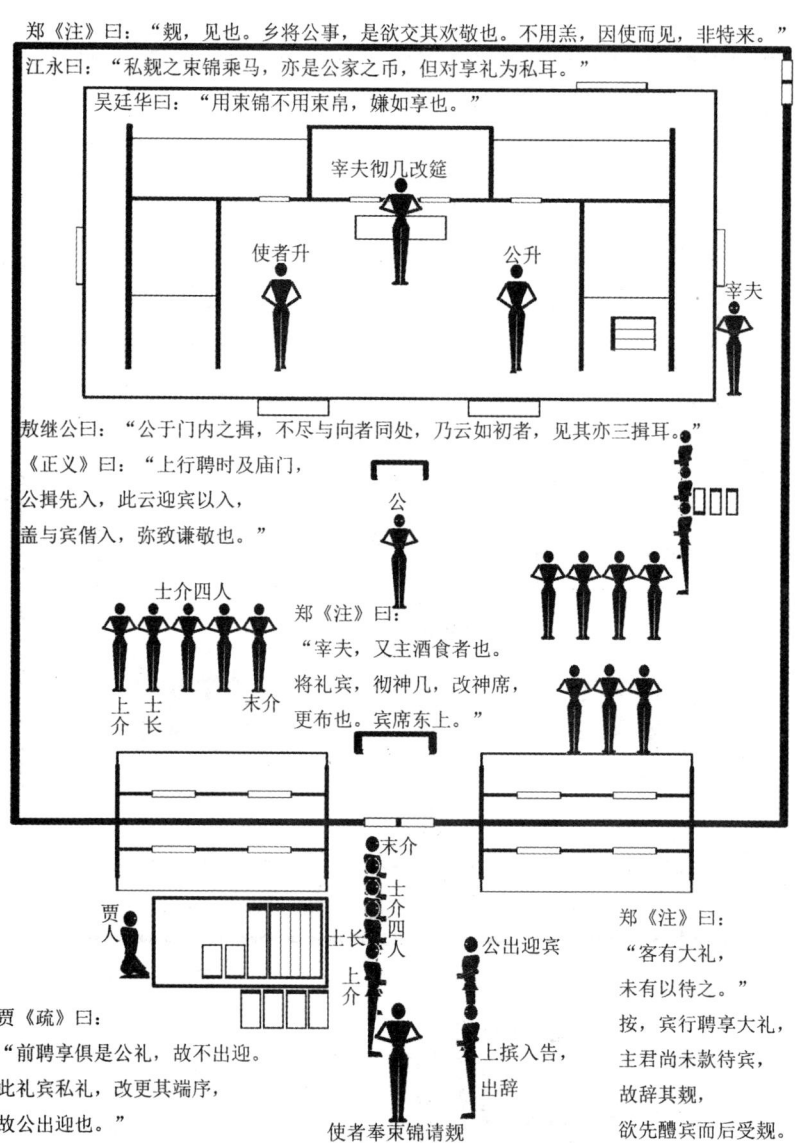

8-12-1 主君醴宾图一

聘 礼 59

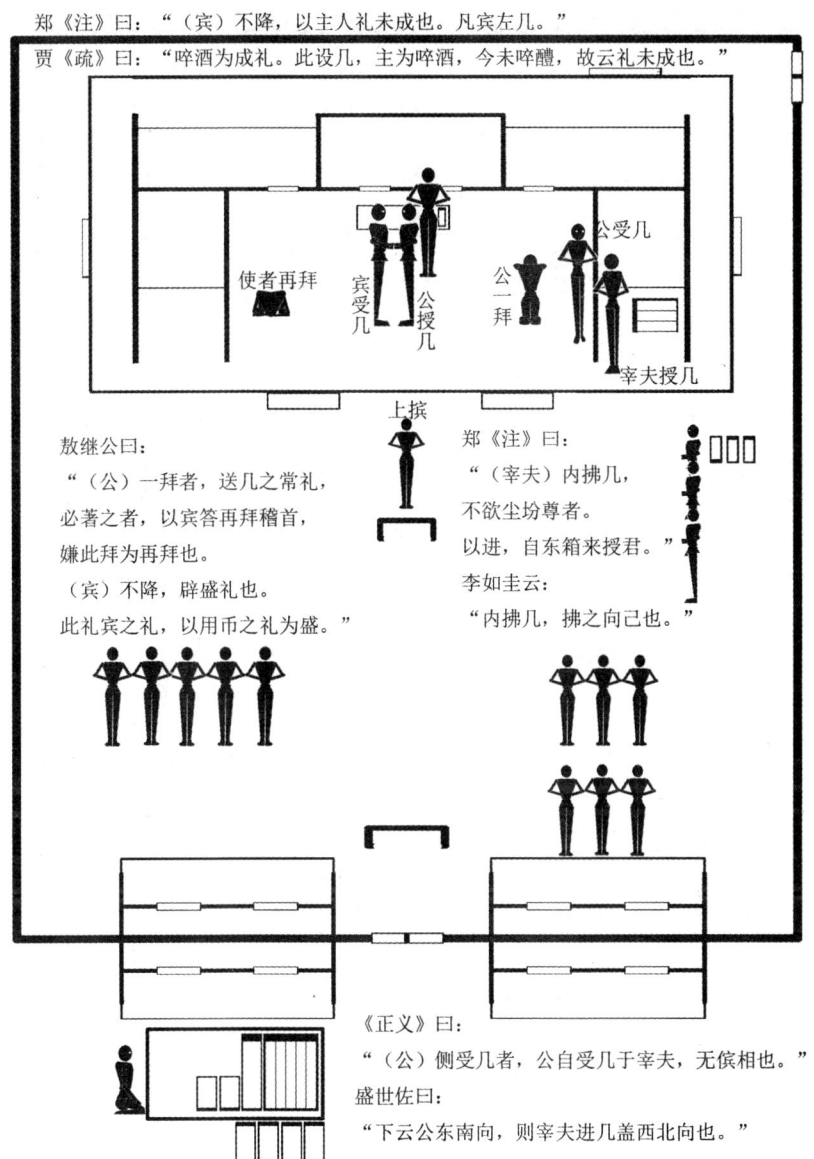

8-12-2 主君醴宾图二

按，公侧受醴如受几。郑《注》曰："将以饮宾。宾壹拜者，醴质，以少为贵。"

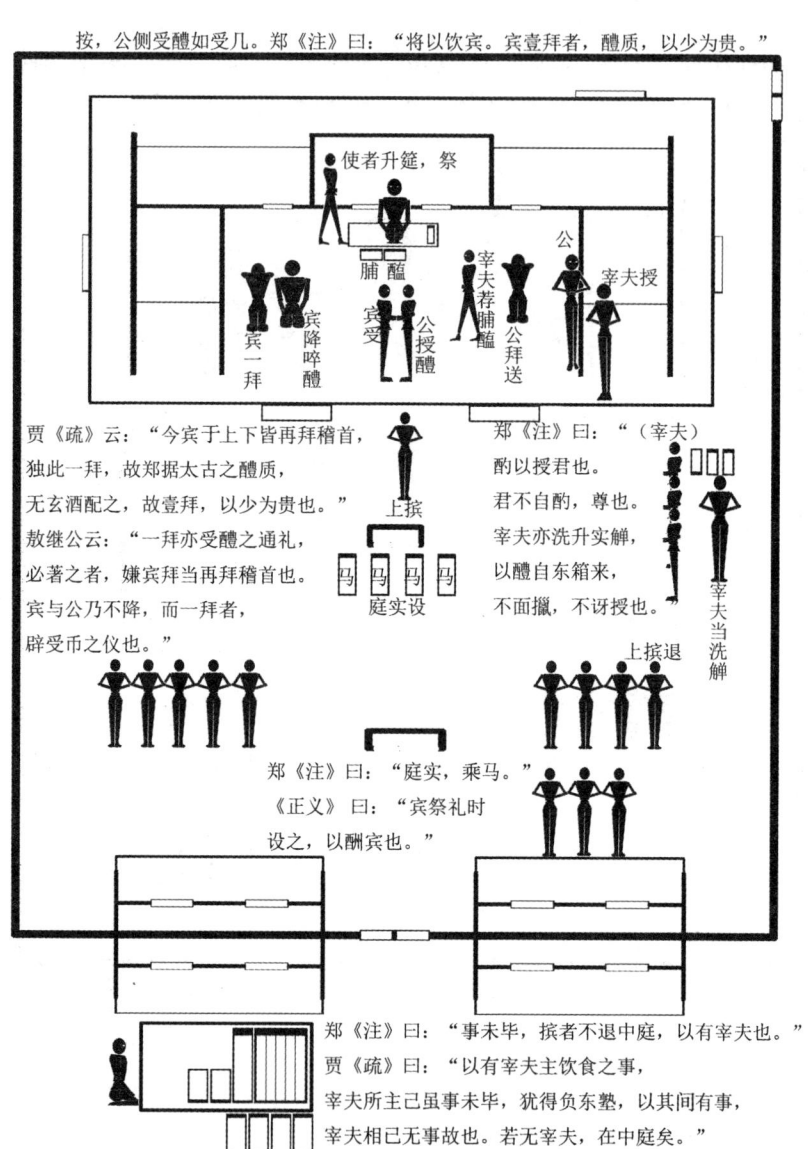

8-12-3　主君醴宾图三

聘 礼 61

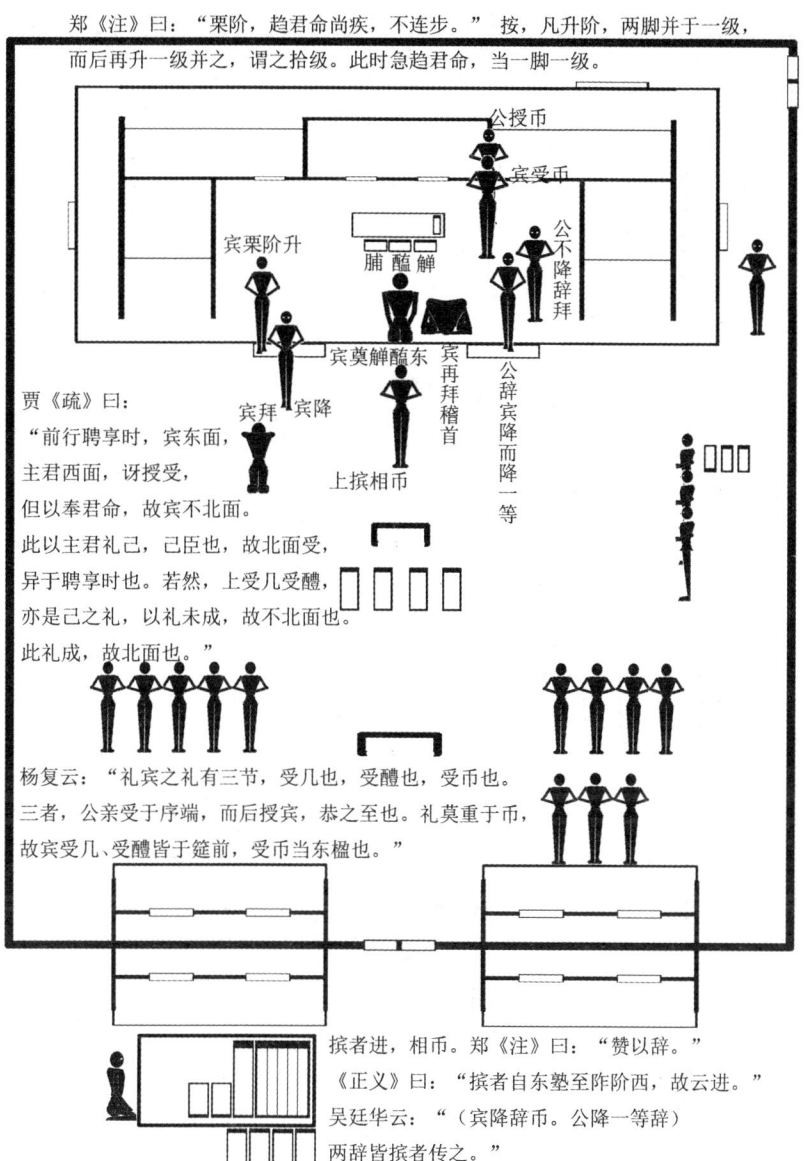

8-12-4 主君醴宾图四

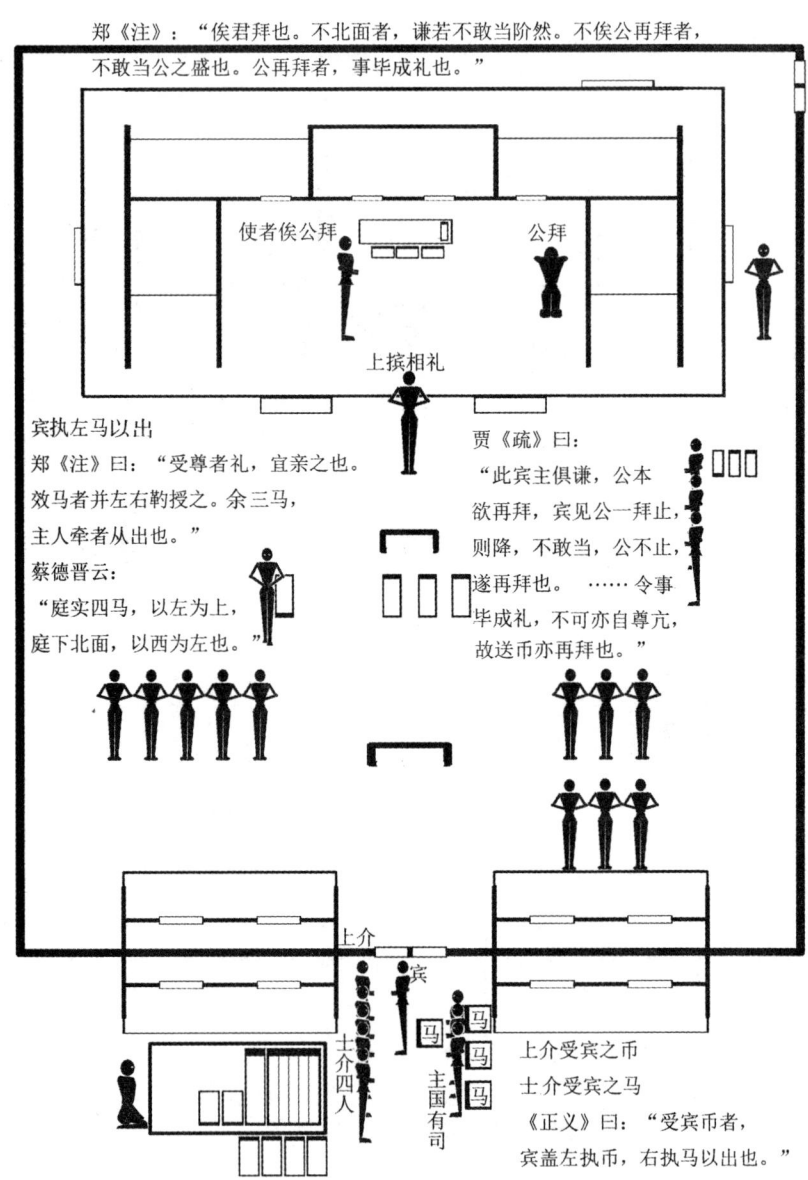

8-12-5　主君醴宾图五

聘 礼 63

郑《注》曰："不请不辞，乡时已请也。觌用束锦，辞享币也。总者，总八辔牵之。赞者，居马间扣马也。入门而右，私事自阑右。奠币再拜，以臣礼见也。赞者，贾人之属，介特觌也。"

《正义》曰："言私觌之事，分宾觌、上介觌、众介觌为三节。"

郑《注》曰："（摈者坐取币）将还之也。赞者有司受马乃出。凡取币于庭，北面。"

贾《疏》曰："宾出之时，赞扣马者未得出，待人受马乃得出。所以然者，币可奠之于地，其马不可散放，故待人受之乃可以出，故云有司受马乃出也。……此时辞宾，更出取币，后门右礼讫，又取币，皆北面，又众介奠币，摈者取亦北面，故云凡以广之也。"

《正义》曰："辞以臣礼见也。"

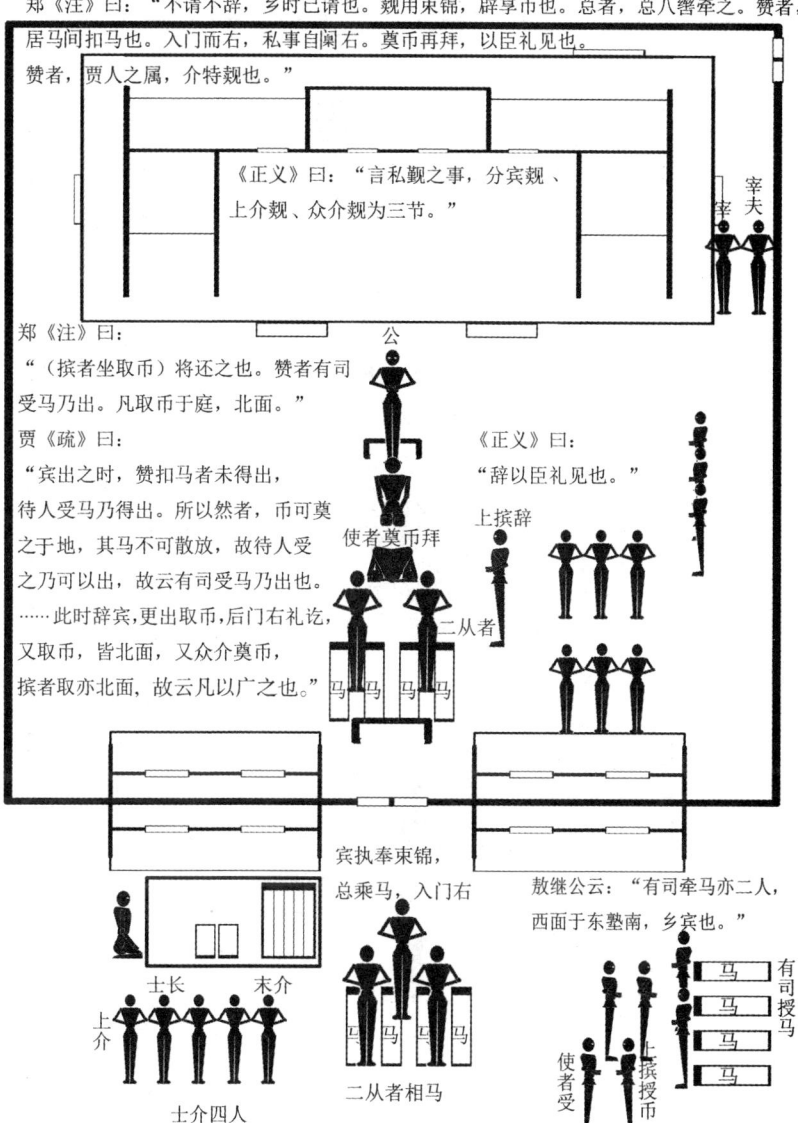

8-13-1　私觌图一

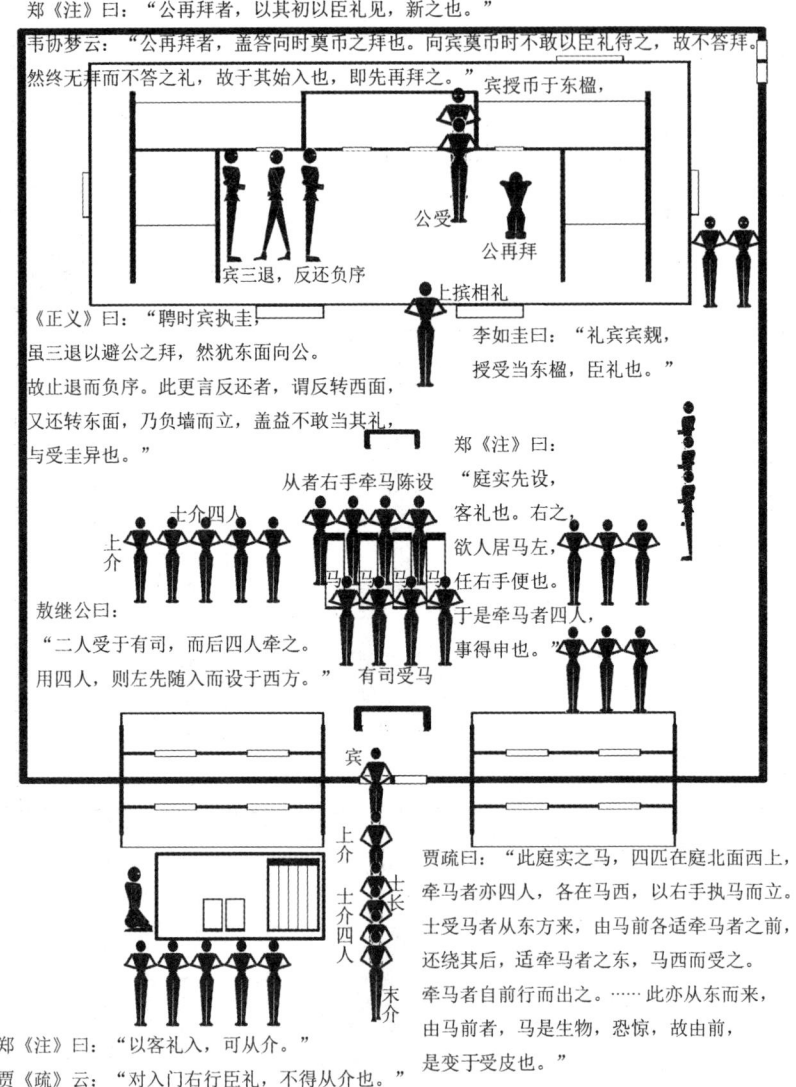

8-13-2 私觌图二

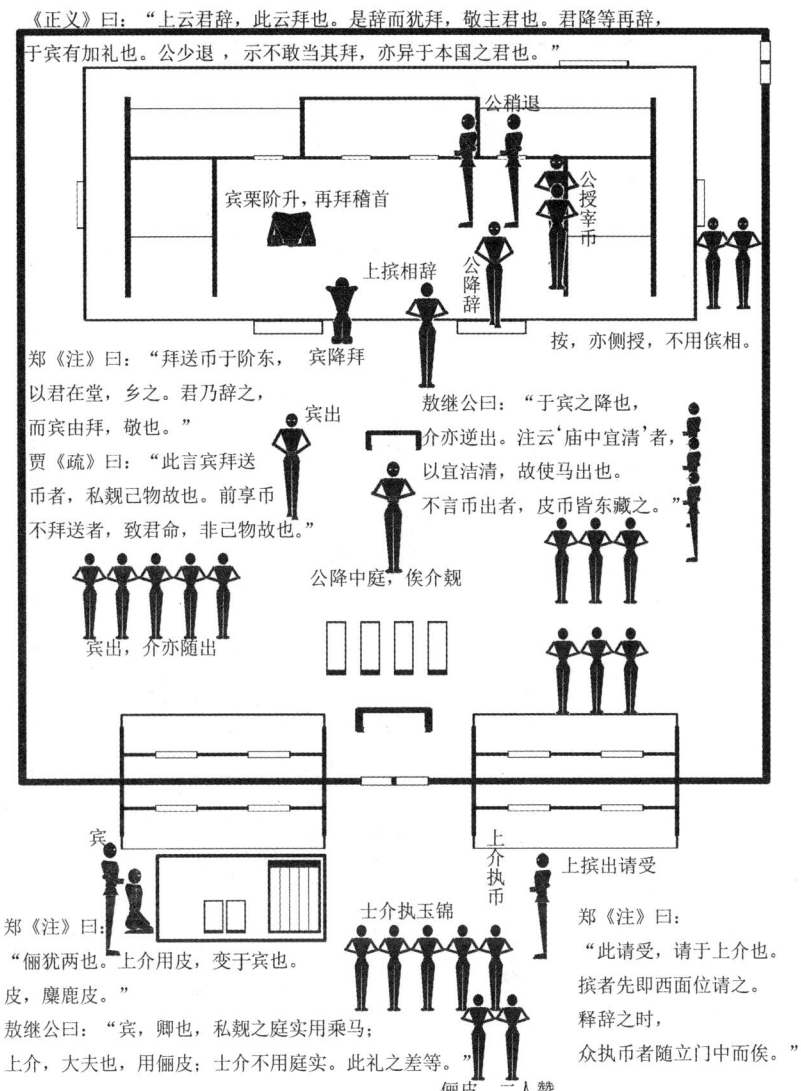

8-13-3 私觌图三

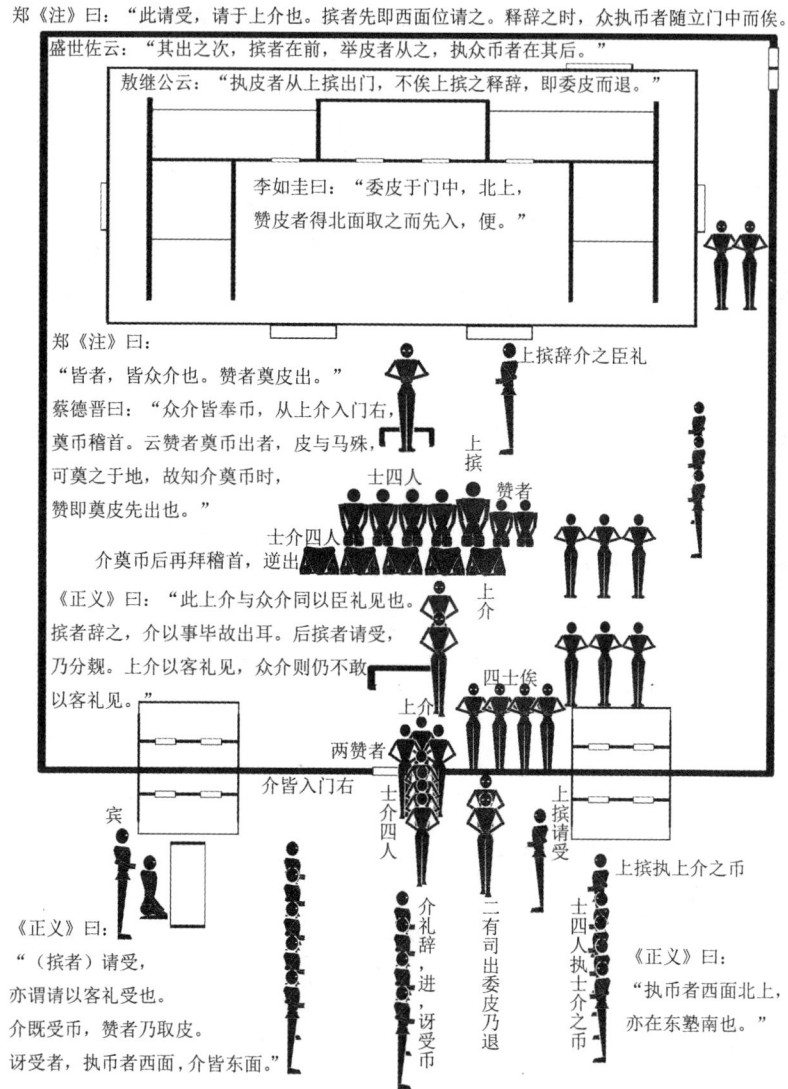

8-13-4 私覿图四

聘礼 67

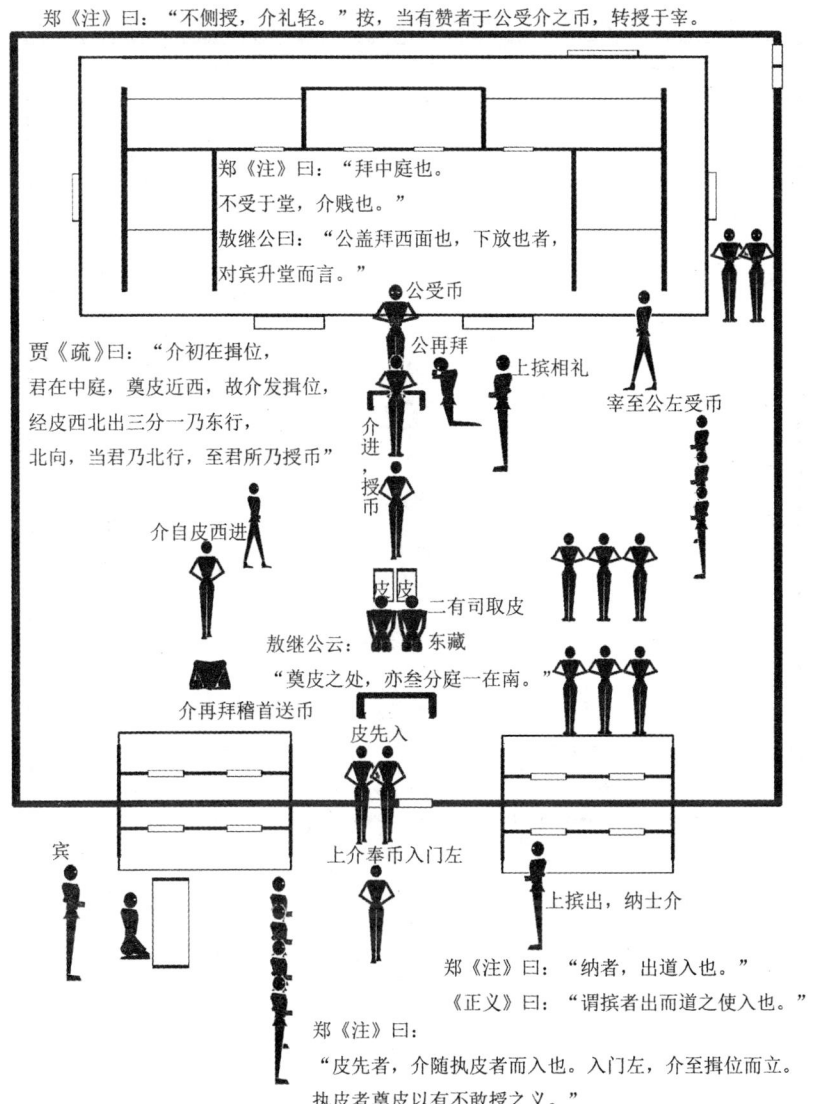

8-13-5 私覿图五

士介入门右，郑《注》曰：“终不敢以客礼见。”贾《疏》曰：“上介奠币讫，辞之，终以客礼，是士介卑，奠币出，私觌即了，终不敢以客礼见也。”

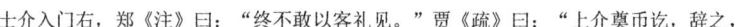

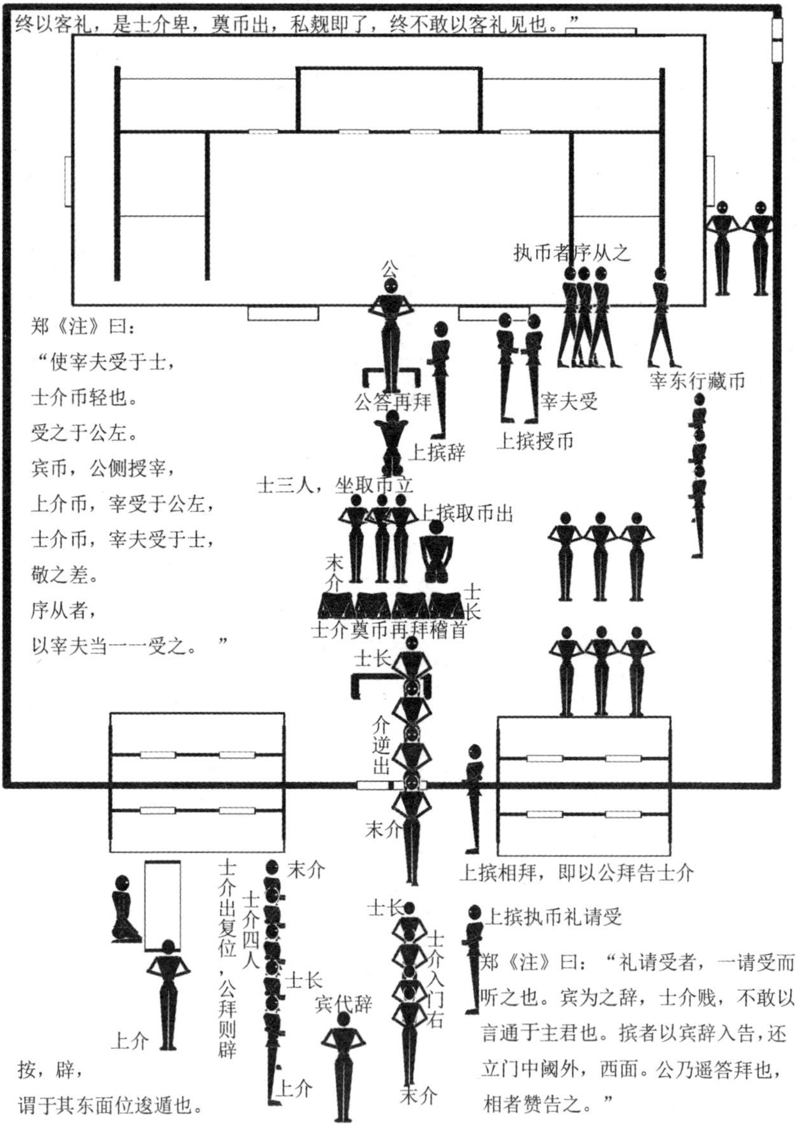

8-13-6　**私觌图六**

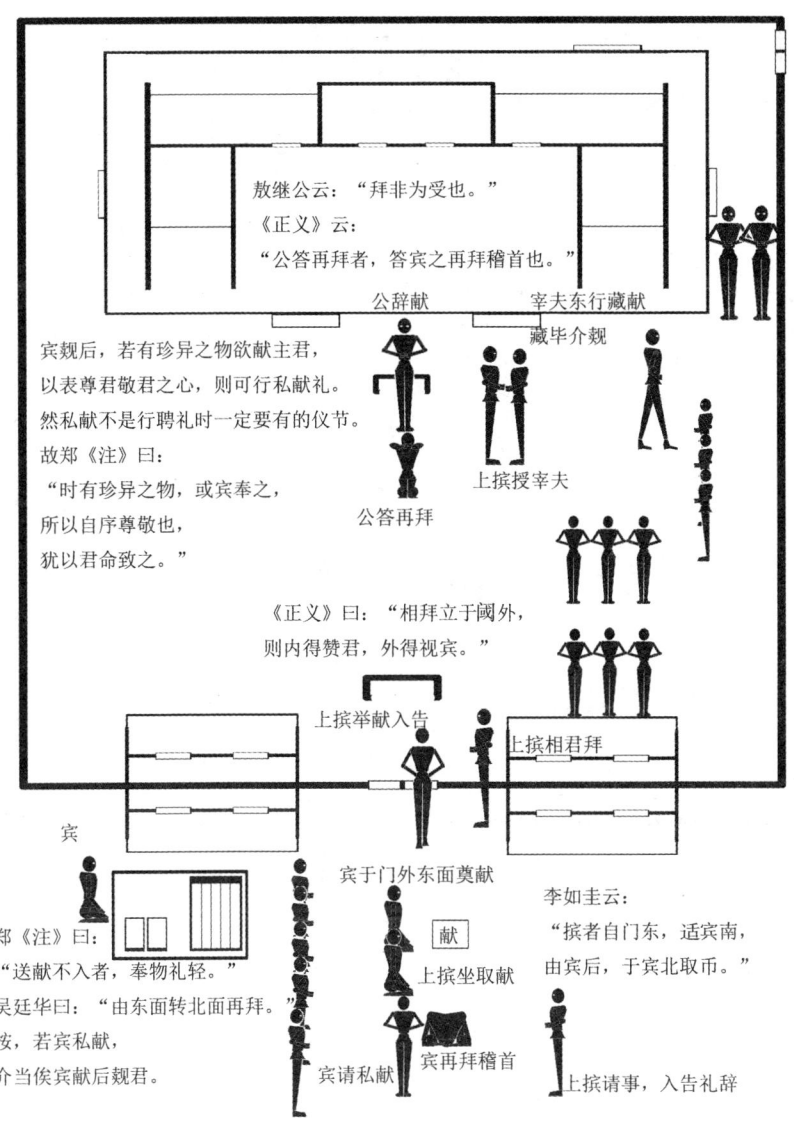

8-13-7 私觌图七

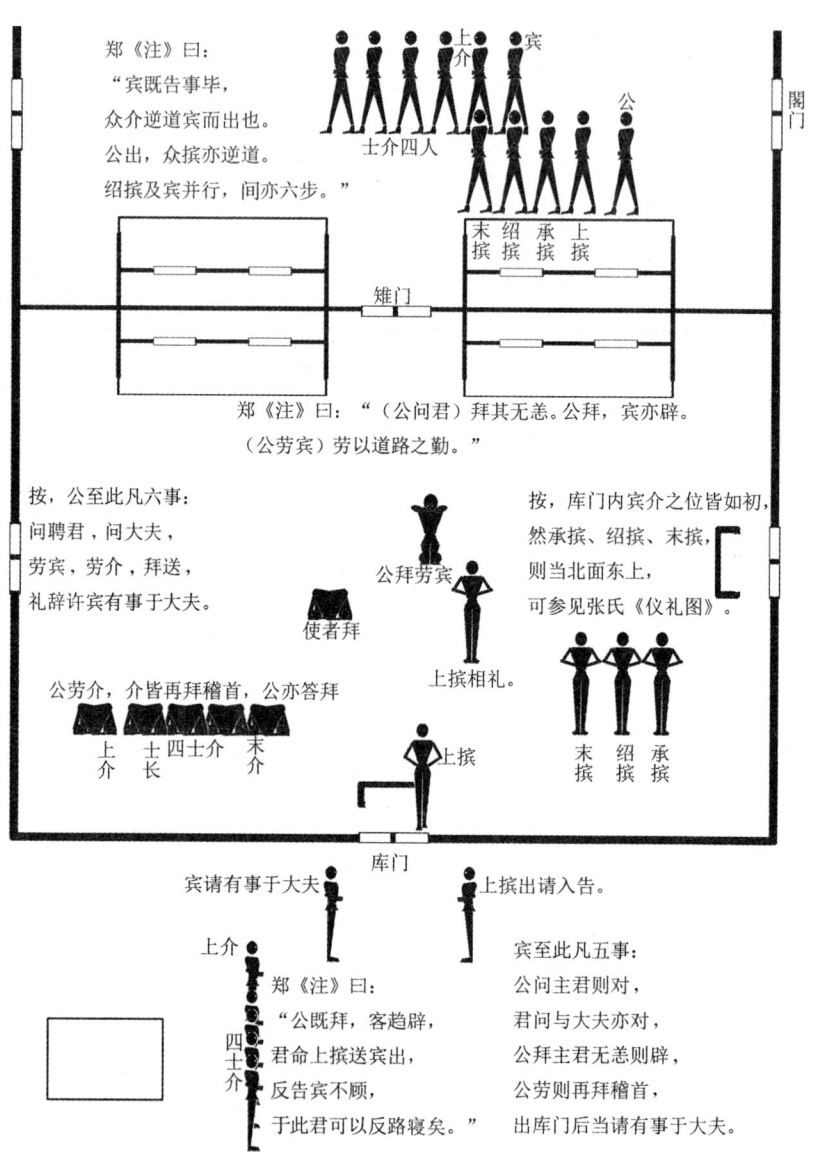

8-14-1 宾礼毕出，公送宾图

此主君使人馈饔饩于宾介之礼。按,已杀曰饔，未杀曰饩,杀而熟曰饪,杀而未熟曰腥。

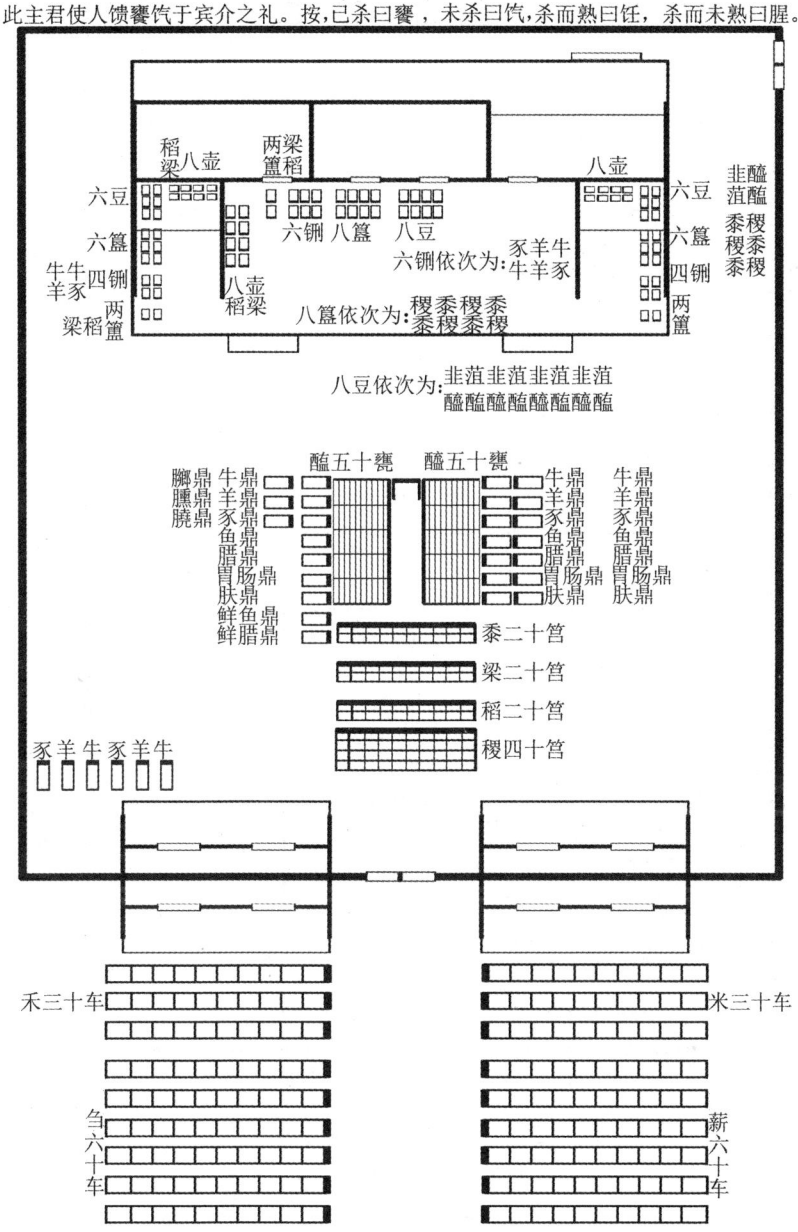

8-16-1　归饔饩于宾介图一

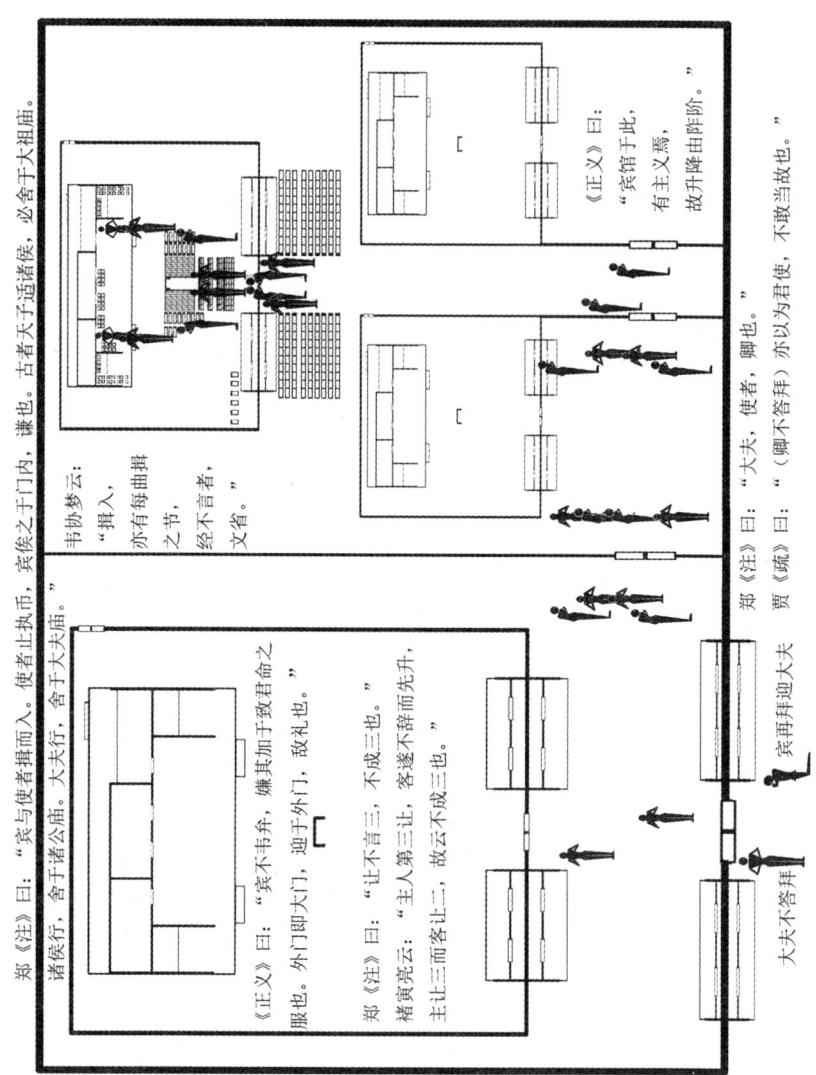

8-16-2 归饔饩于宾介图二

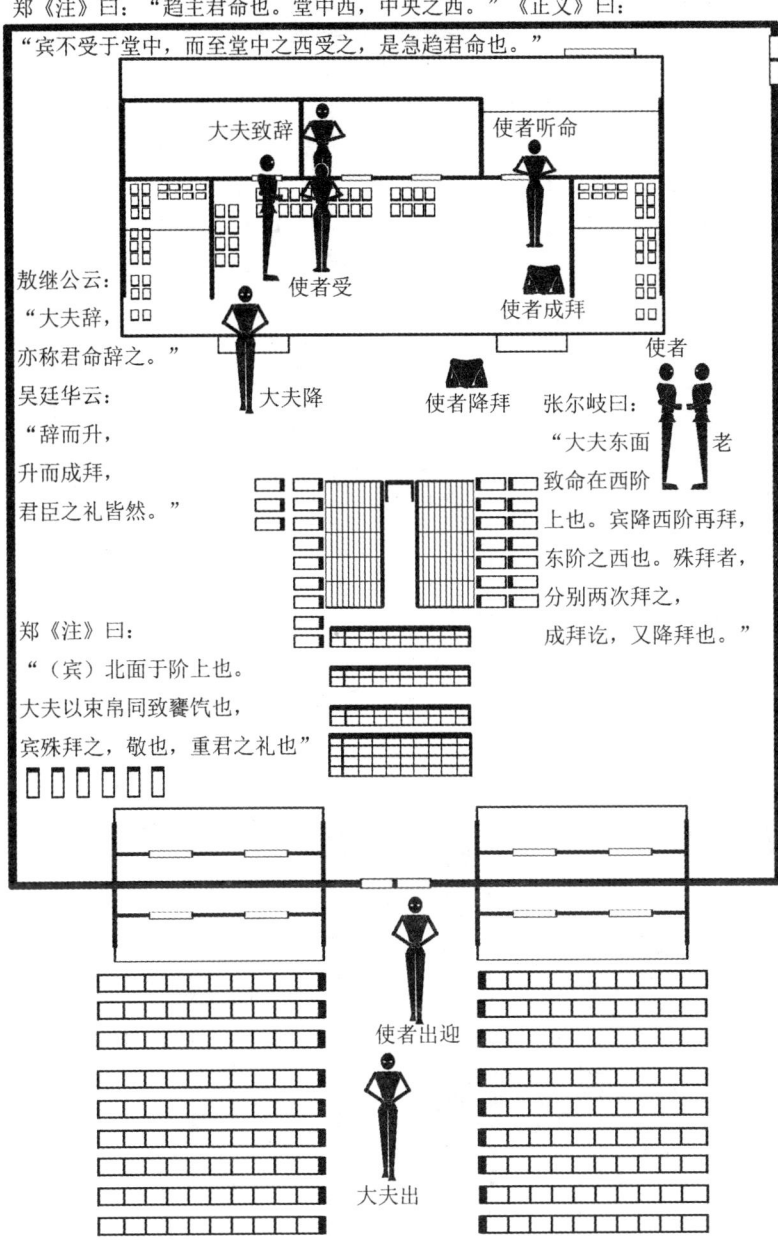

8-16-3 归饔饩于宾介图三

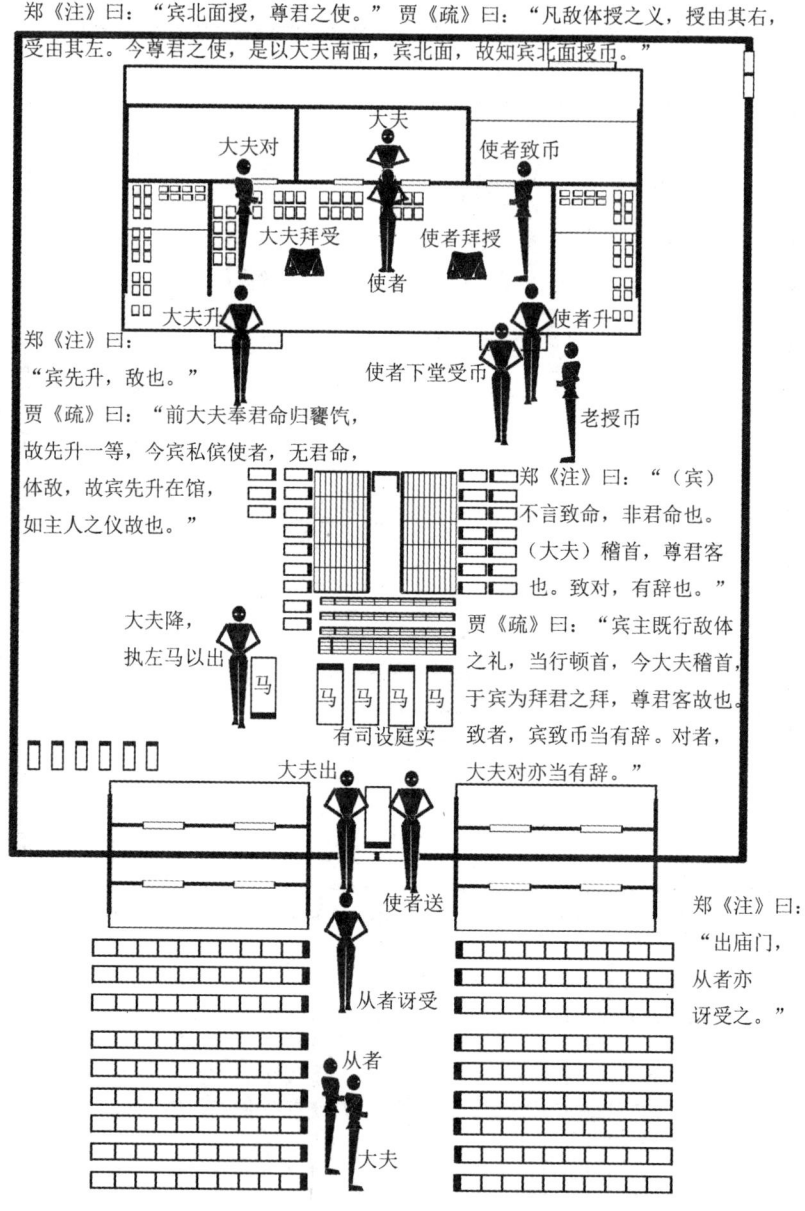

8-16-4 归饔饩于宾介图四

《正义》曰："宾，卿也，馆于大夫；上介，大夫也，馆于士；士介馆于工商也。

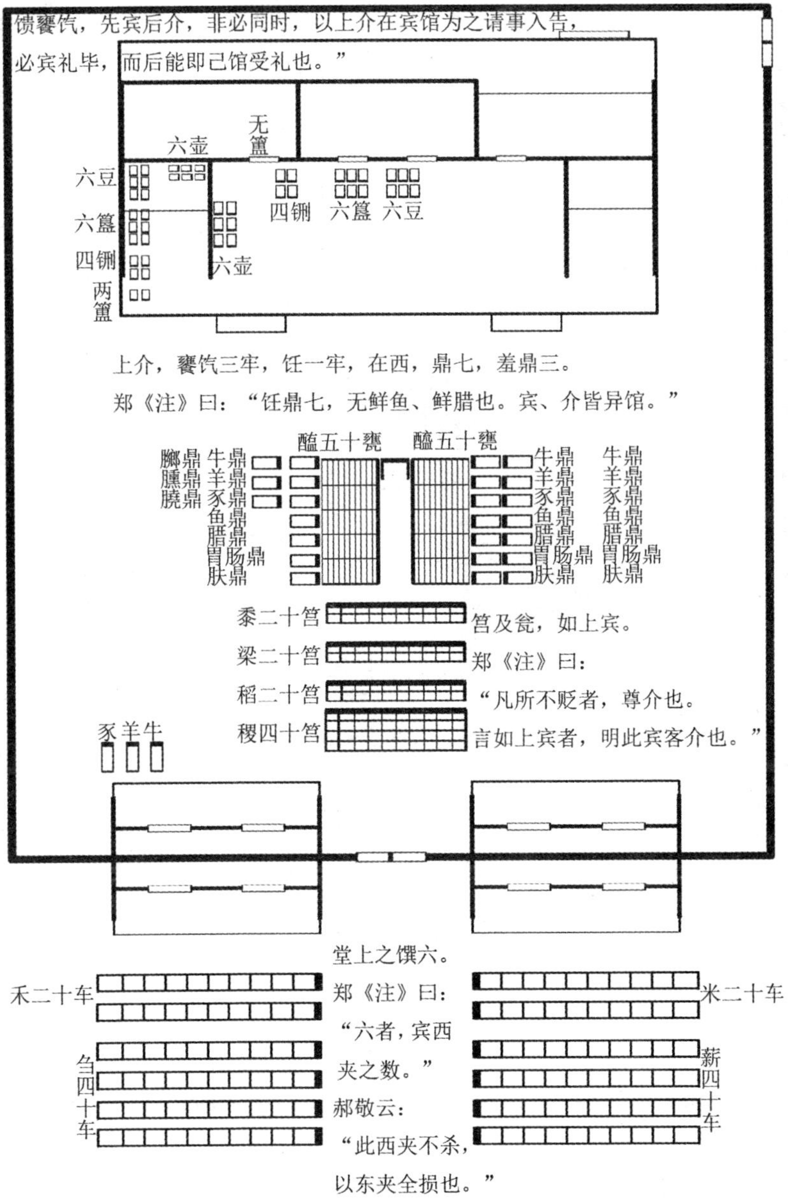
馈饔饩，先宾后介，非必同时，以上介在宾馆为之请事入告，
必宾礼毕，而后能即己馆受礼也。"
六壶
无簋
六豆
六簋
四铏
两簋
六壶
四铏
六簋
六豆
上介，饔饩三牢，饪一牢，在西，鼎七，羞鼎三。
郑《注》曰："饪鼎七，无鲜鱼、鲜腊也。宾、介皆异馆。"
醢五十甕
醢五十甕
膷鼎
臐鼎
膮鼎
牛鼎
羊鼎
豕鼎
鱼鼎
腊鼎
胃肠鼎
肤鼎
牛鼎
羊鼎
豕鼎
鱼鼎
腊鼎
胃肠鼎
肤鼎
牛鼎
羊鼎
豕鼎
鱼鼎
腊鼎
胃肠鼎
肤鼎
黍二十筥
梁二十筥
稻二十筥
稷四十筥
筥及瓮，如上宾。
郑《注》曰：
"凡所不贬者，尊介也。
言如上宾者，明此宾客介也。"
豕羊牛
堂上之馔六。
郑《注》曰：
"六者，宾西
夹之数。"
郝敬云：
"此西夹不杀，
以东夹全损也。"
禾二十车
米二十车
刍四十车
薪四十车

8-16-5　**归饔饩于宾介图五**

郑《注》曰："牢米不入门，略之也。米设当门，亦十为列，北上。牢在其南，西上。"

贾《疏》曰："以此饩本设于庭，在门内，由士介贱，不得入门，且宾与上介门东有米三十车，薪六十车，门西禾三十车，刍六十车，皆统门为上。此饩本非门外东、西之物，制不在门外东、西，宜当门陈之。"

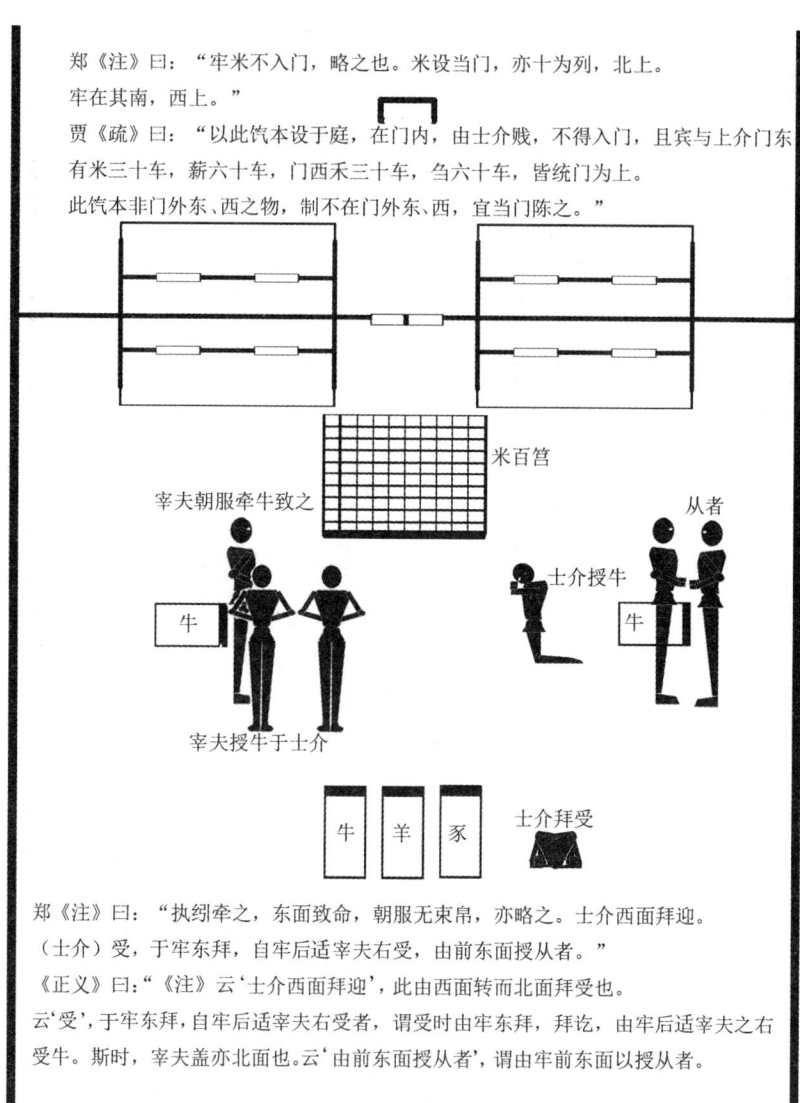

郑《注》曰："执绋牵之，东面致命，朝服无束帛，亦略之。士介西面拜迎。（士介）受，于牢东拜，自牢后适宰夫右受，由前东面授从者。"
《正义》曰："《注》云'士介西面拜迎'，此由西面转而北面拜受也。云'受'，于牢东拜，自牢后适宰夫右受者，谓受时由牢东拜，拜讫，由牢后适宰夫之右受牛。斯时，宰夫盖亦北面也。云'由前东面授从者'，谓由牢前东面以授从者。

8-16-6　归饔饩于宾介图六

高愈云:"聘本为君也,而因以及其夫人,而并以问其卿大夫,则凡内外尊卑之间,无不致其殷勤礼敬之意,而所以睦于邻者,大矣。"

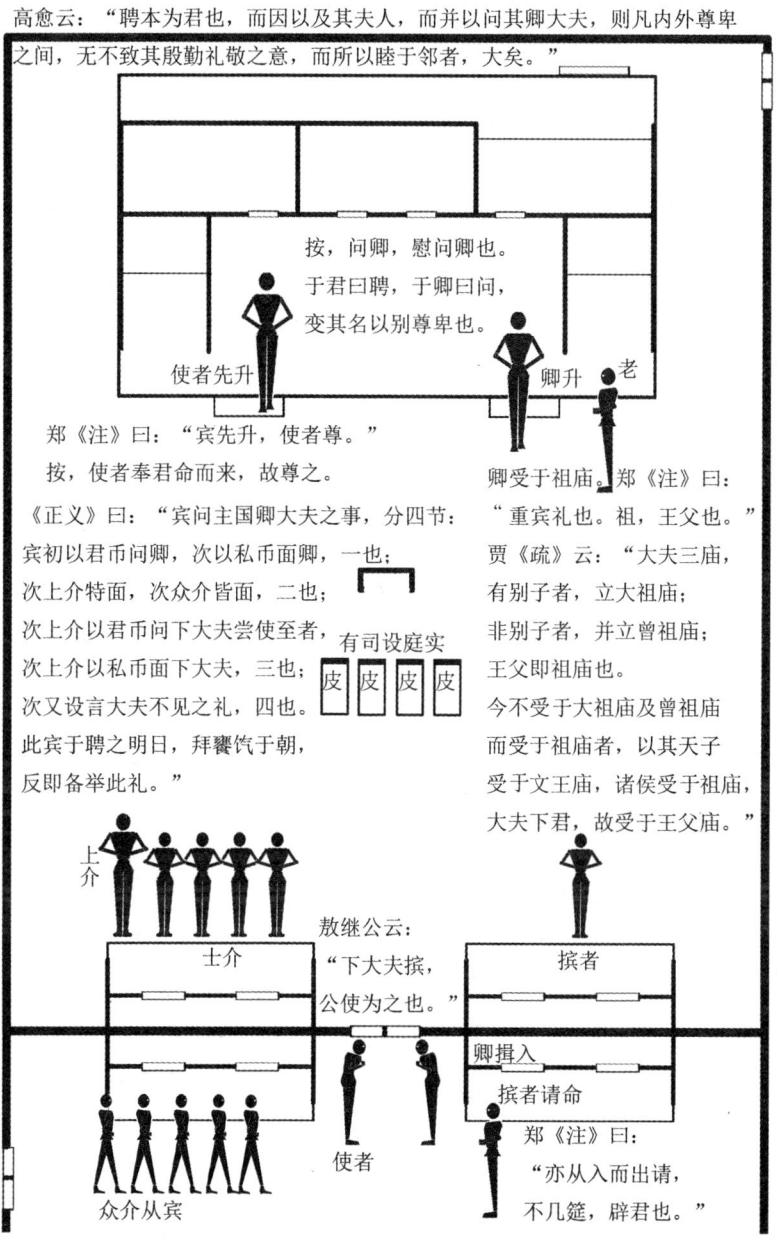

8-17-1 宾问卿、面卿图一

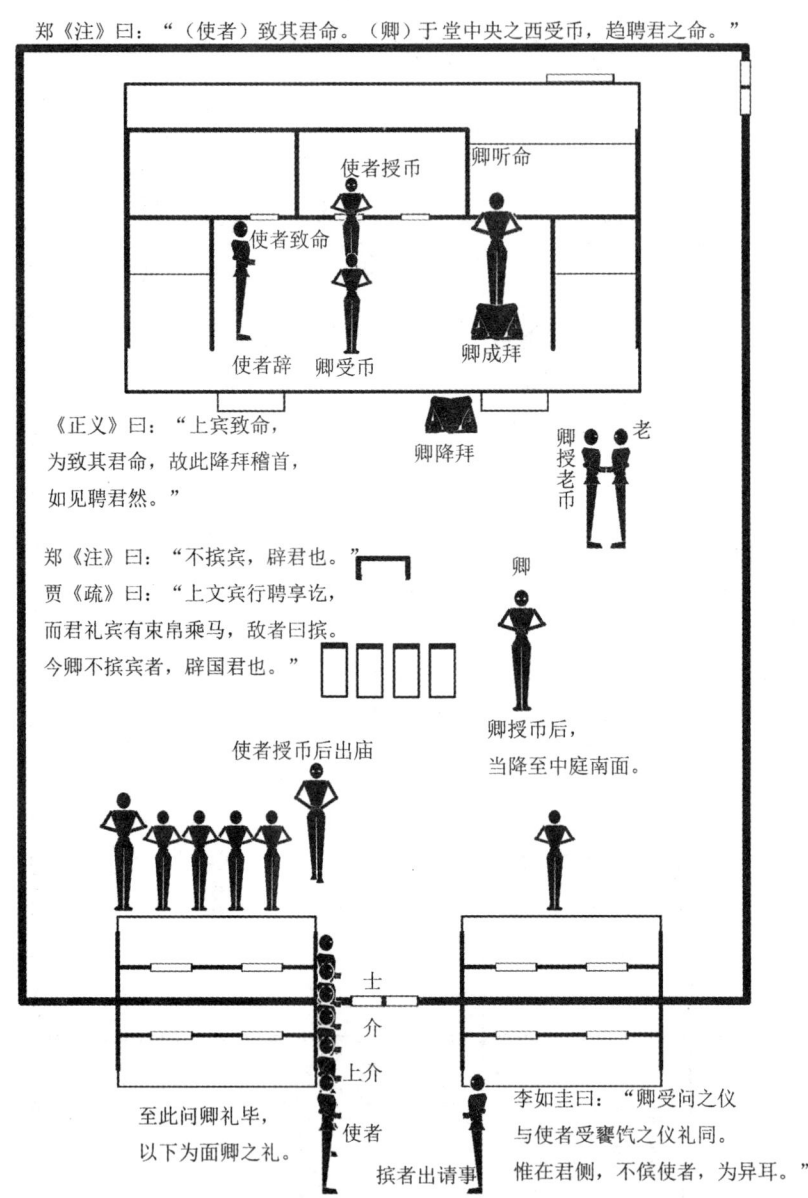

8-17-2 宾问卿、面卿图二

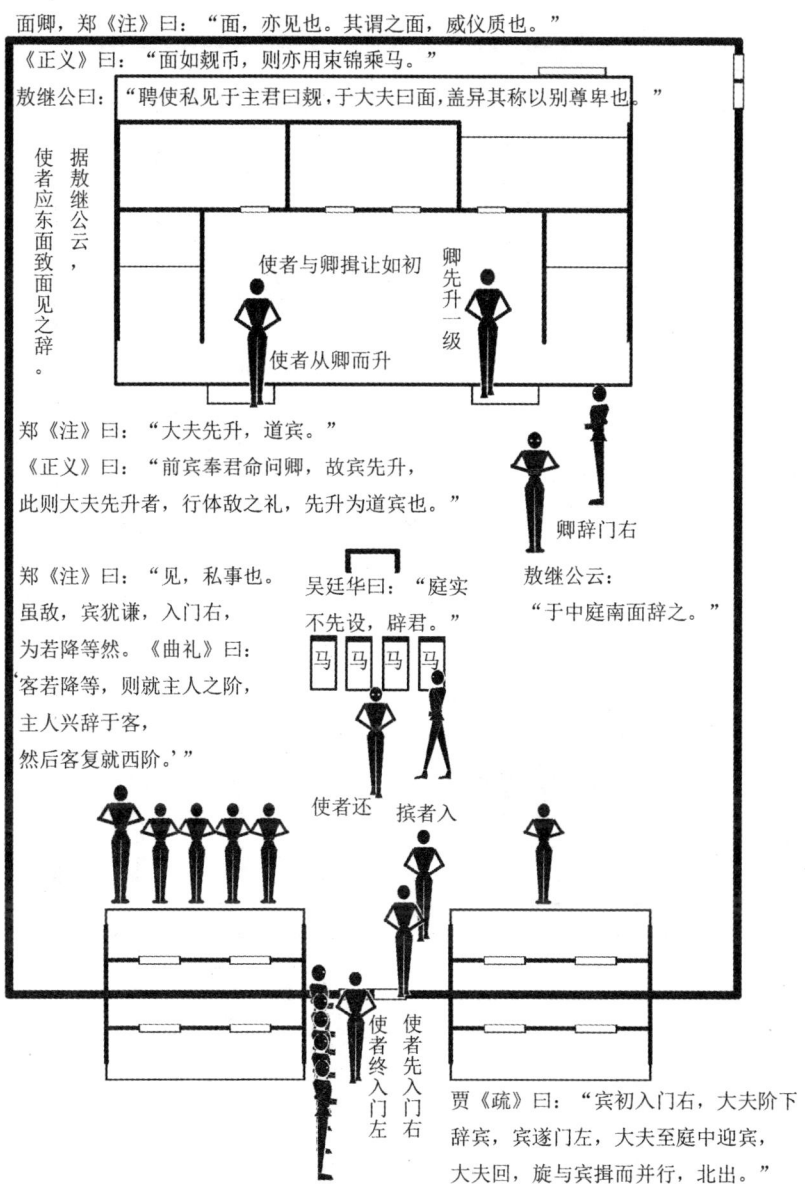

8-17-3 宾问卿、面卿图三

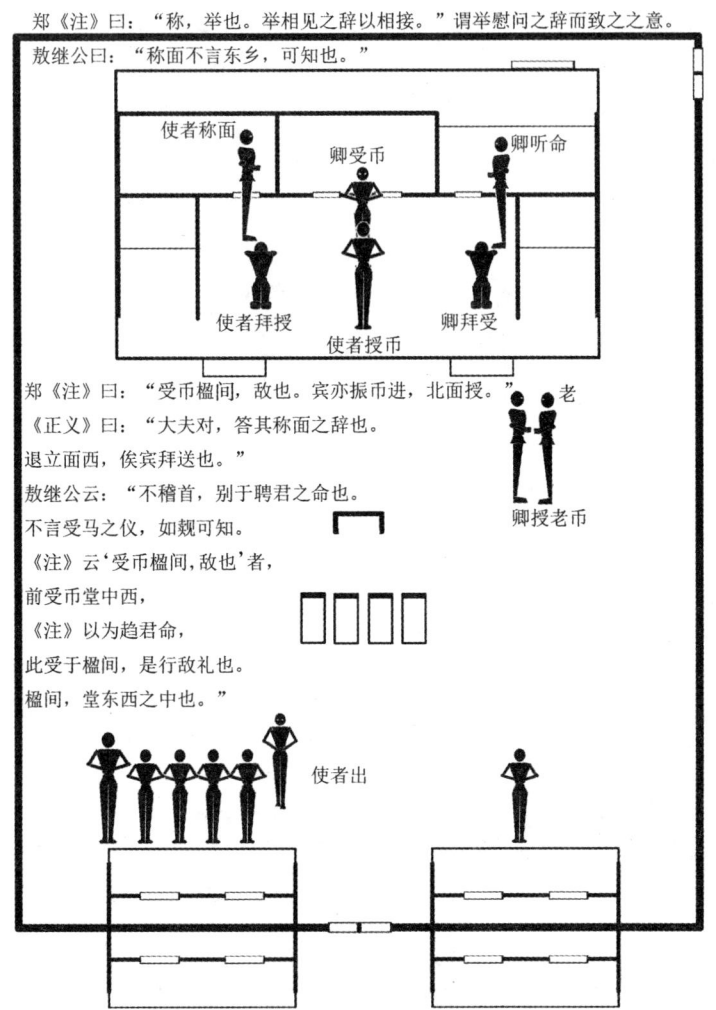

8-17-4　宾问卿、面卿图四

此上介特面也。郑《注》曰："特面者，异于主君，士介不从而入也。君尊，众介始觌不自别也。上宾则众介皆从之。"

盛世佐云："特面之意有二：
一是不与众介同执币而入，异于见主君也；
一是不以众介自随，下于宾也。"

焦以恕云："上介面卿，贬于者有三：
宾问卿与私面，众介皆从，
（今上介特面，众介不从）
其贬损者一也；
宾私面入门右，大夫即辞，宾亦不果奠币，
今上介入门右，既奠币再拜，大夫乃辞，
其贬损者二也；
宾当楣再拜送币，
今上介降拜，大夫辞降，
而后介升再送币，
其贬损者三也。"

按，士介不从入。

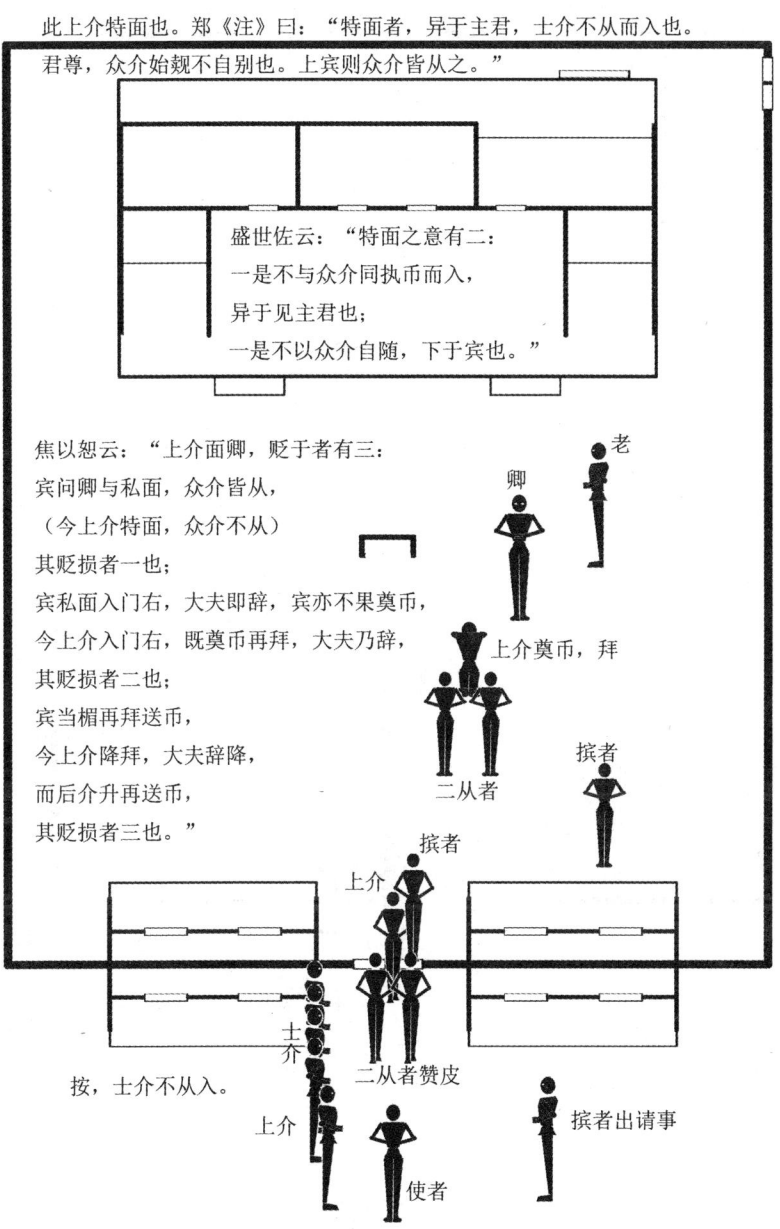

8-18-1 介面卿图一

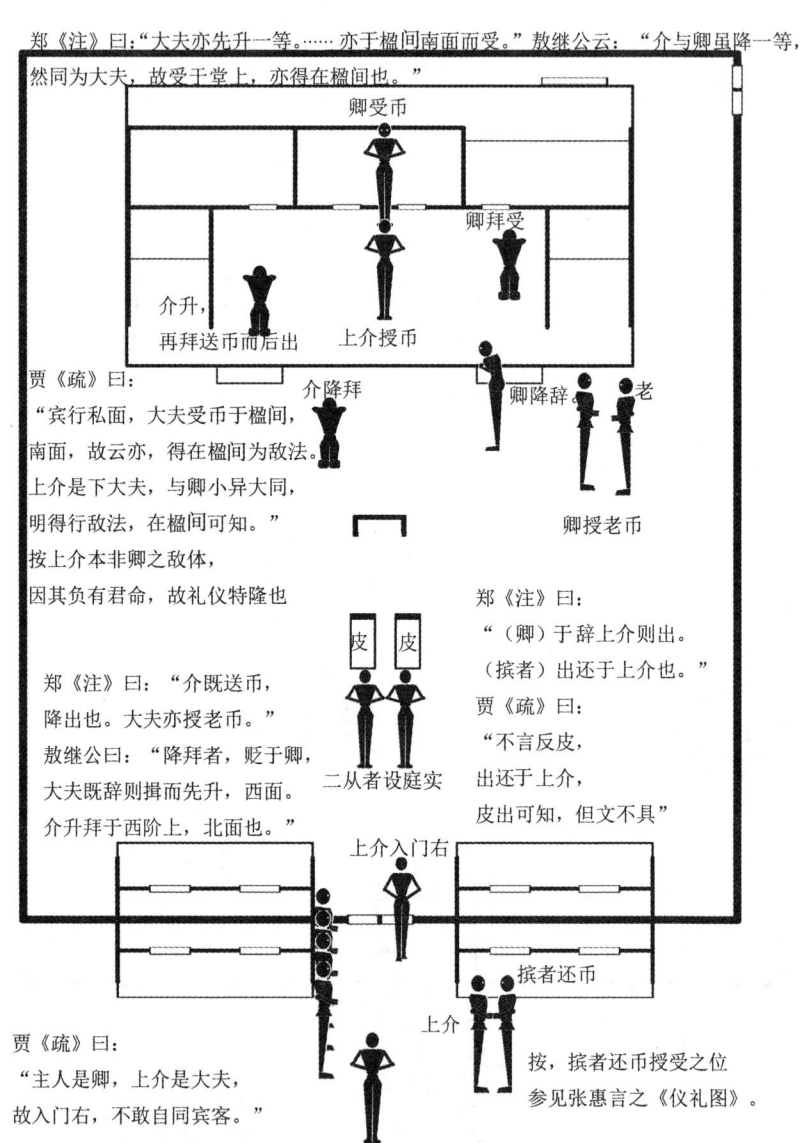

8-18-2　介面卿图二

《正义》曰:"如觌币,各玉锦束也。于士介,亦亲辞,辟君也。"

蔡德晋曰:"余大约与其觌同。"

盛世佐曰:"宾奉其君之命问主国卿,
因而私面,故其礼特恭。
上介、士介,本非卿之敌体,
则其因是而加恭也固宜。
然其异于觌主君者,
经文历历可考。
惟士介与卿尊卑悬隔,
故其私面之仪几与觌君相似,
而奠币再拜不稽首,
卿不使摈者辞而自辞,
又其初不与上介俱入,
亦足以见其隆杀之辨矣。"

郑《注》曰:
"宾亦为士介辞。"
贾《疏》曰:
"亦者,亦士介私觌于主国君时,
故云亦也。"

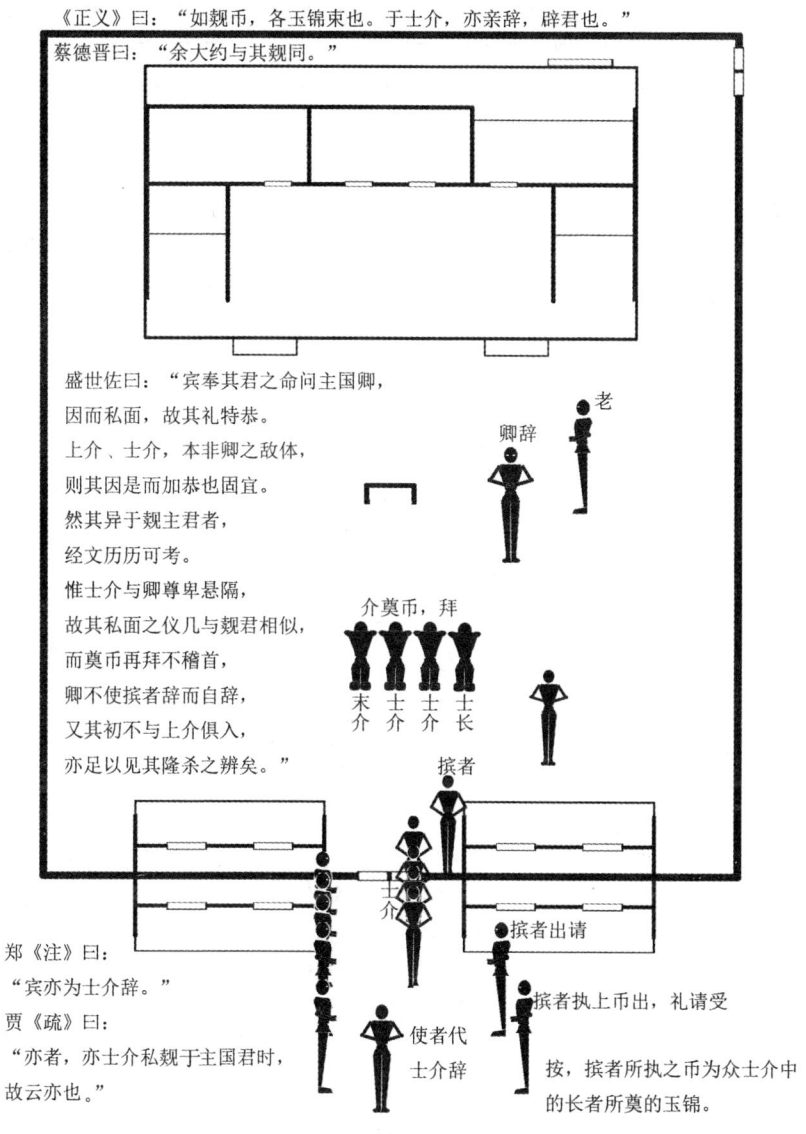

按,摈者所执之币为众士介中的长者所奠的玉锦。

8-18-3 介面卿图三

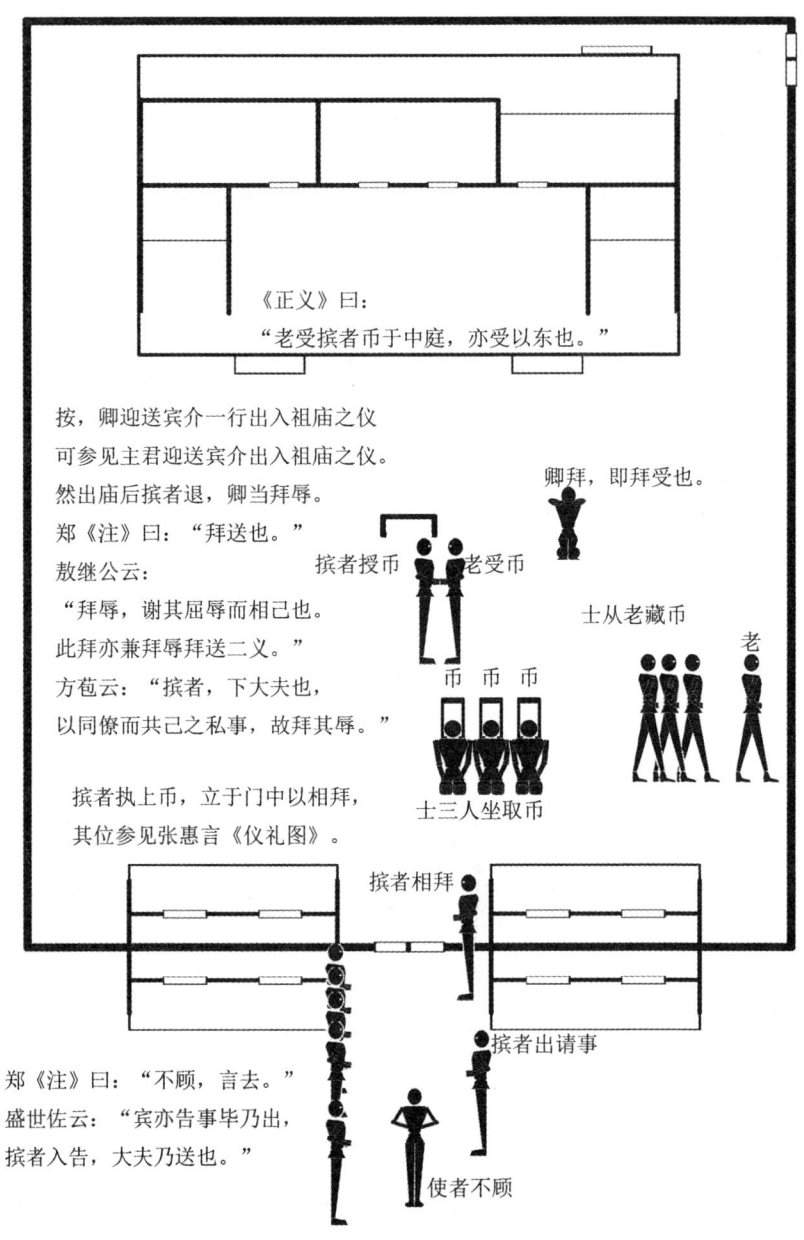

8-18-4 介面卿图四

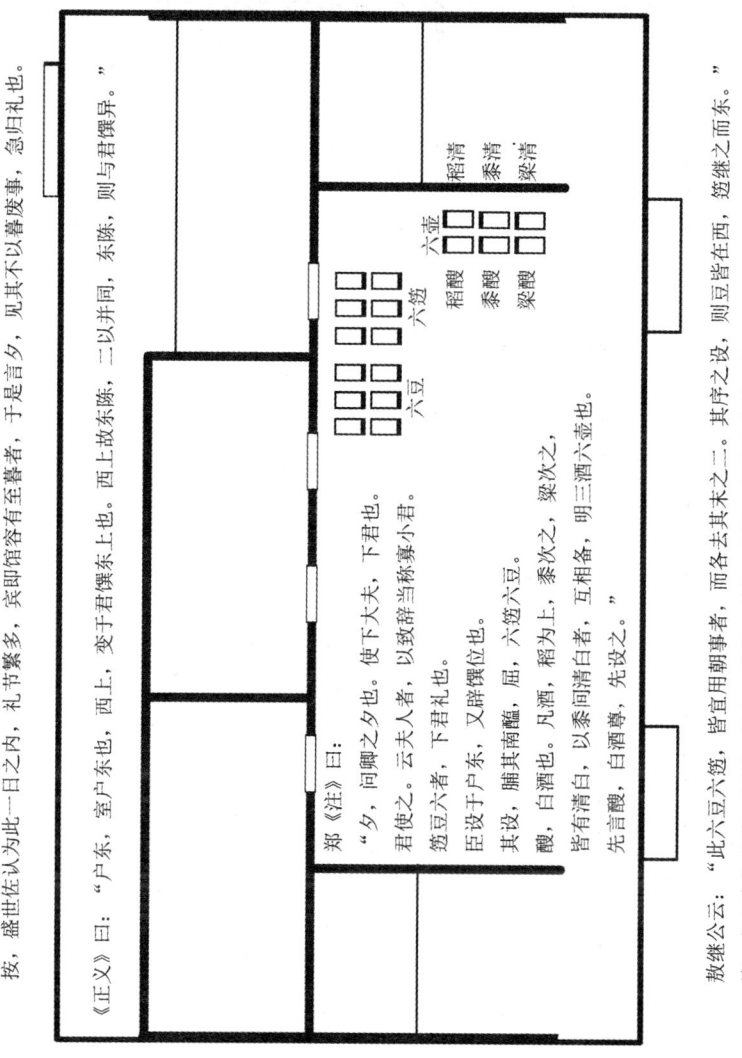

8-21-1 夫人归礼宾介图一

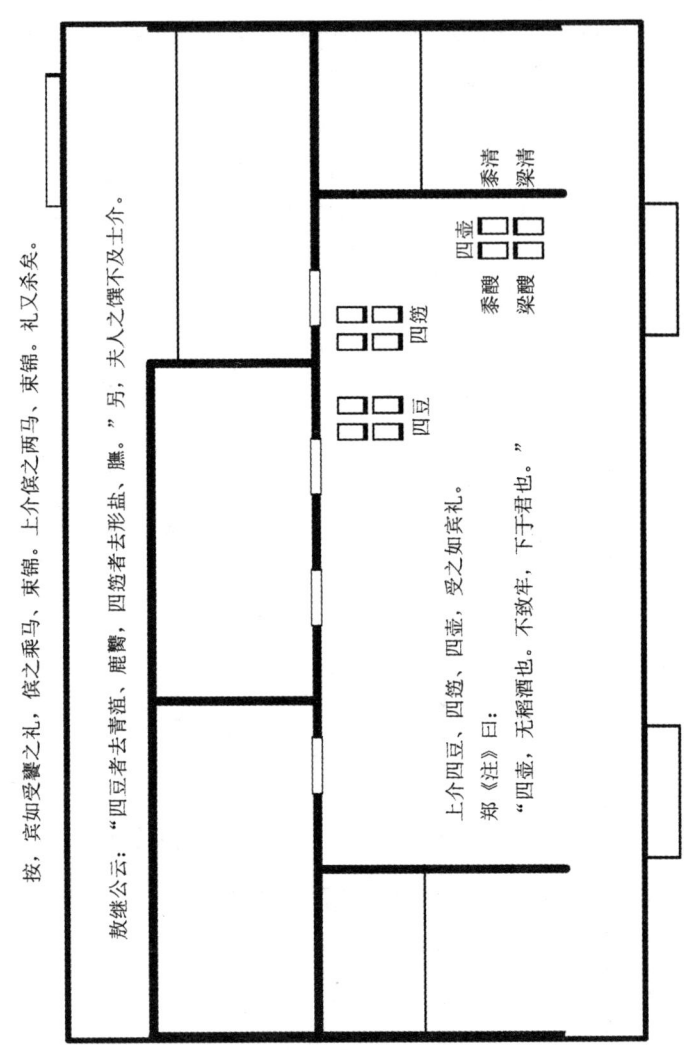

8-21-2　夫人归礼宾介图二

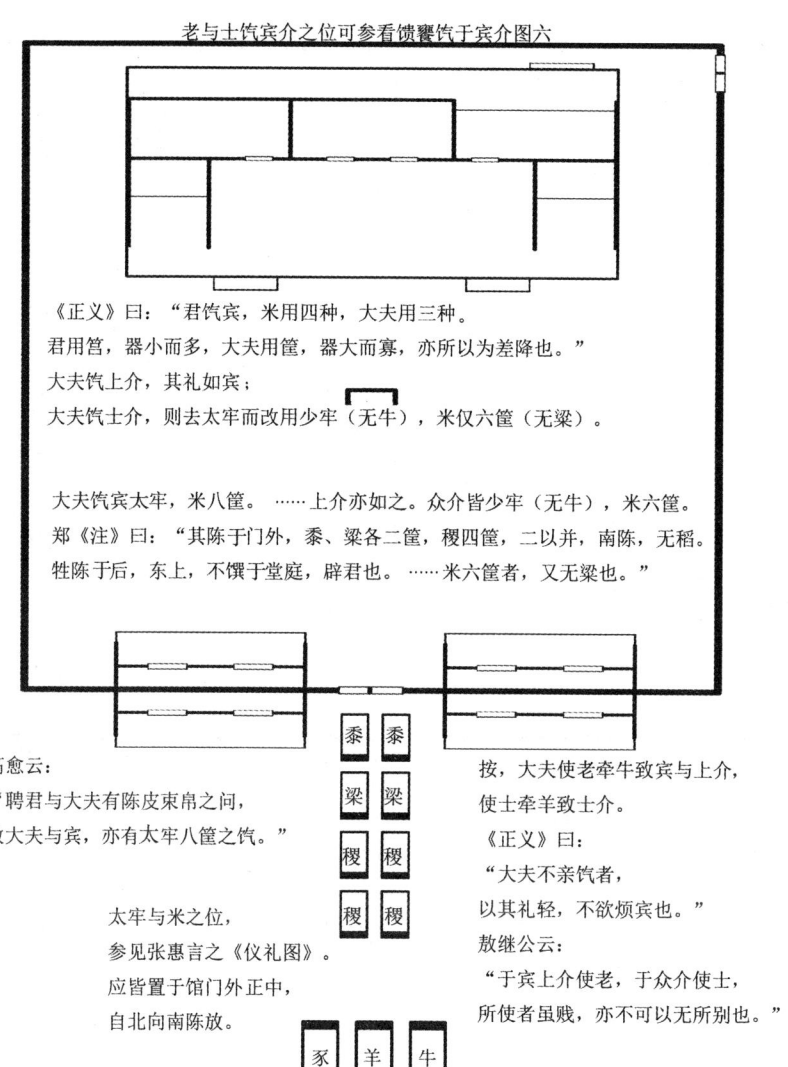

8-22-1 大夫饩宾介图

《正义》曰："言主君使卿诣宾馆还玉及贿与礼之事。使卿者，亦欲与宾爵相敌也。"

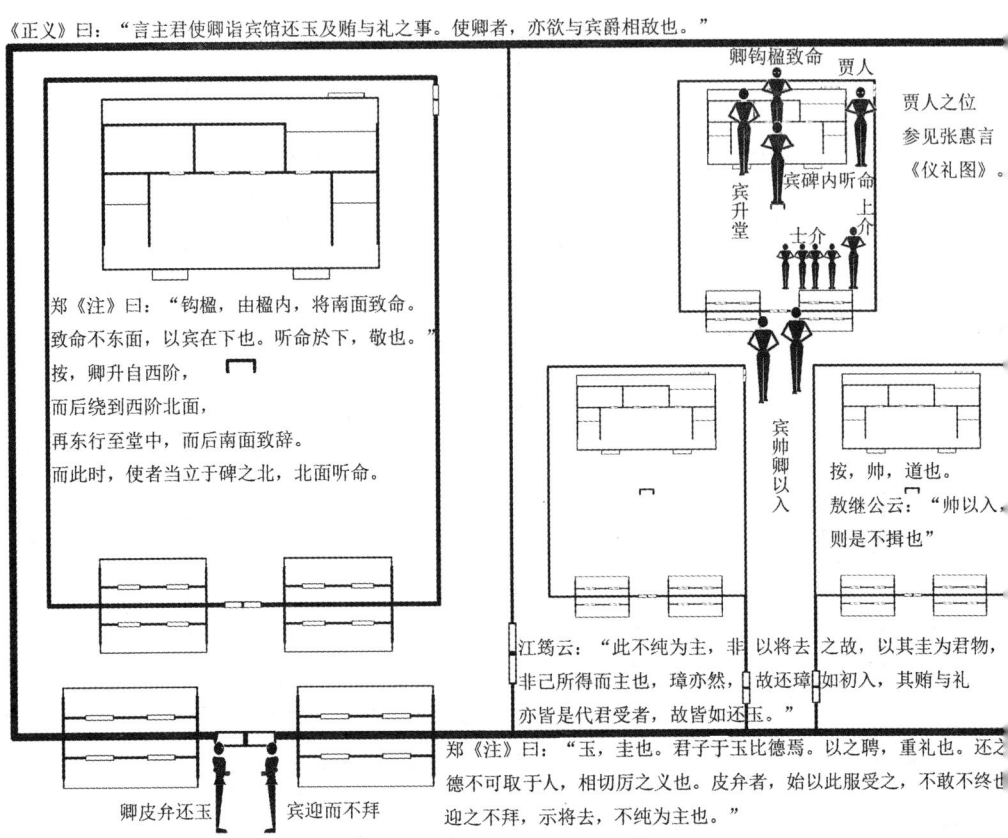

8-24-1　还玉及贿礼图一

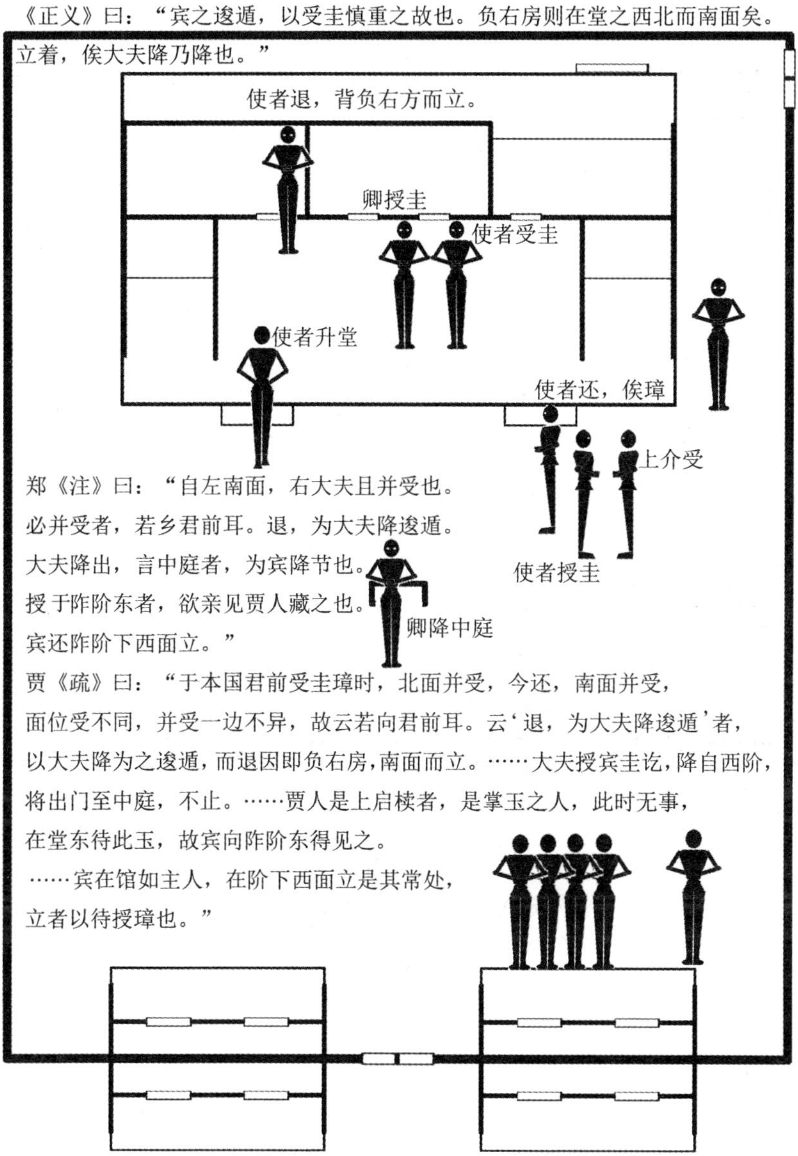
《正义》曰：“宾之逡遁，以受圭慎重之故也。负右房则在堂之西北而南面矣。
立着，俟大夫降乃降也。”
使者退，背负右方而立。
卿授圭
使者受圭
使者升堂
使者还，俟璋
上介受
使者授圭
卿降中庭
郑《注》曰：“自左南面，右大夫且并受也。
必并受者，若乡君前耳。退，为大夫降逡遁。
大夫降出，言中庭者，为宾降节也。
授于阼阶东者，欲亲见贾人藏之也。
宾还阼阶下西面立。”
贾《疏》曰：“于本国君前受圭璋时，北面并受，今还，南面并受，
面位受不同，并受一边不异，故云若向君前耳。云‘退，为大夫降逡遁’者，
以大夫降为之逡遁，而退因即负右房，南面而立。……大夫授宾圭讫，降自西阶，
将出门至中庭，不止。……贾人是上启椟者，是掌玉之人，此时无事，
在堂东待此玉，故宾向阼阶东得见之。
……宾在馆如主人，在阶下西面立是其常处，
立者以待授璋也。”

敖继公云：“升自西阶，非受玉之正主也。

亦钩楹，由大夫之后，乃自左受之。二人俱代君行礼，故皆不北面。”

8-24-2　**还玉及贿礼图二**

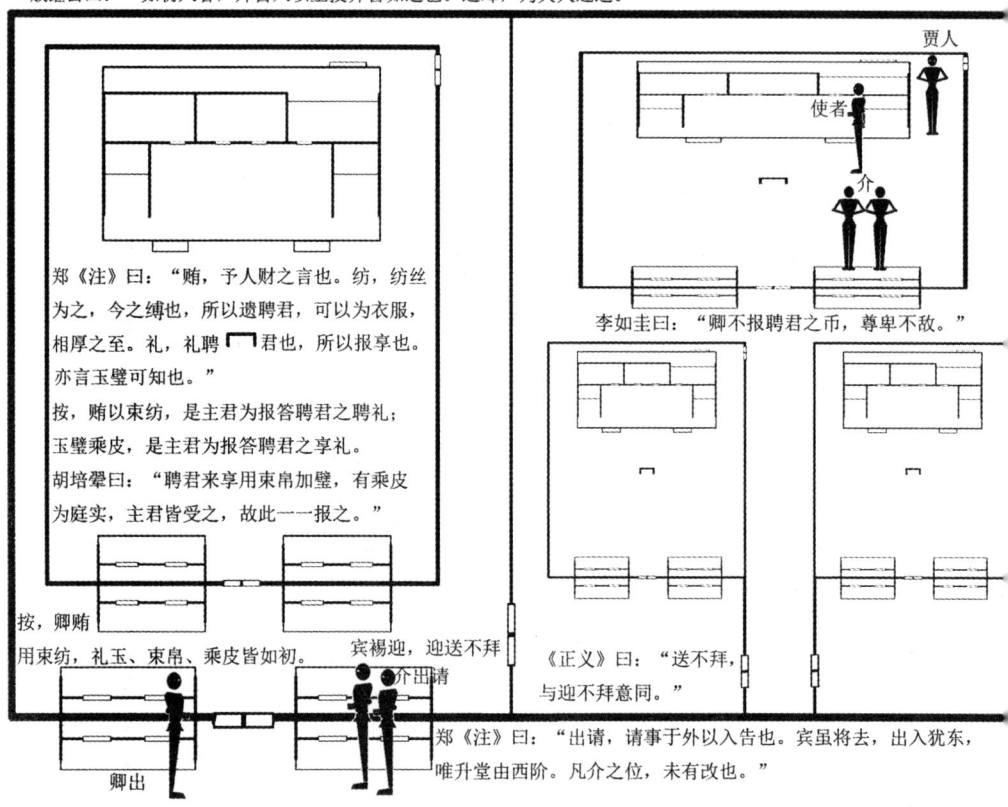

8-24-3 还玉及贿礼图三

贾《疏》曰："云'聘享'者,谓宾聘君以圭,享君以璧。夫人聘享者,谓宾聘夫人以璋,享夫人以琮。问大夫者,问三卿及尝聘彼国之下大夫,送宾以登路。云'拜此四事'者,君礼一,夫人礼二,大夫礼三,送宾礼四,四事皆再拜。云'公东面'者,公如宾礼,门西东面,摈者向公、向介,故知北面为相而言也。"

《正义》曰:"凡君至臣家,车造庙门乃下。亦尊卑之体宜然也。"

郑《注》曰:"(公)为宾将去,亲存送之,厚殷勤,且谢聘君之意也。公朝服。(宾辟谓)不敢受主国君见己于此馆也。此亦不见,言辞者,君在庙门,敬也。凡君有事于诸侯臣之家,车造庙门乃下。"

按,馆宾者,张尔岐曰:"(公)拜宾于馆也。"高愈曰:"公不能往拜于其国,故于宾馆拜之。"

郑《注》曰:"(上介)听命于庙门中,西面,如相拜然也。摈者每赞君辞,则曰:'敢不承命,告于寡君之老。'"按,公东面拜,摈者北面相。

《正义》曰:"宾辟而使上介听命,亦犹卿大夫劳宾,宾不见而使上介受雁也。"

郑《注》曰:"宾从者,实为拜主君之馆己也。言请命者,以己不见,不敢斥尊者之意。"
盛世佐曰:"此宾拜辱,而其辞则曰请命,谦也。"

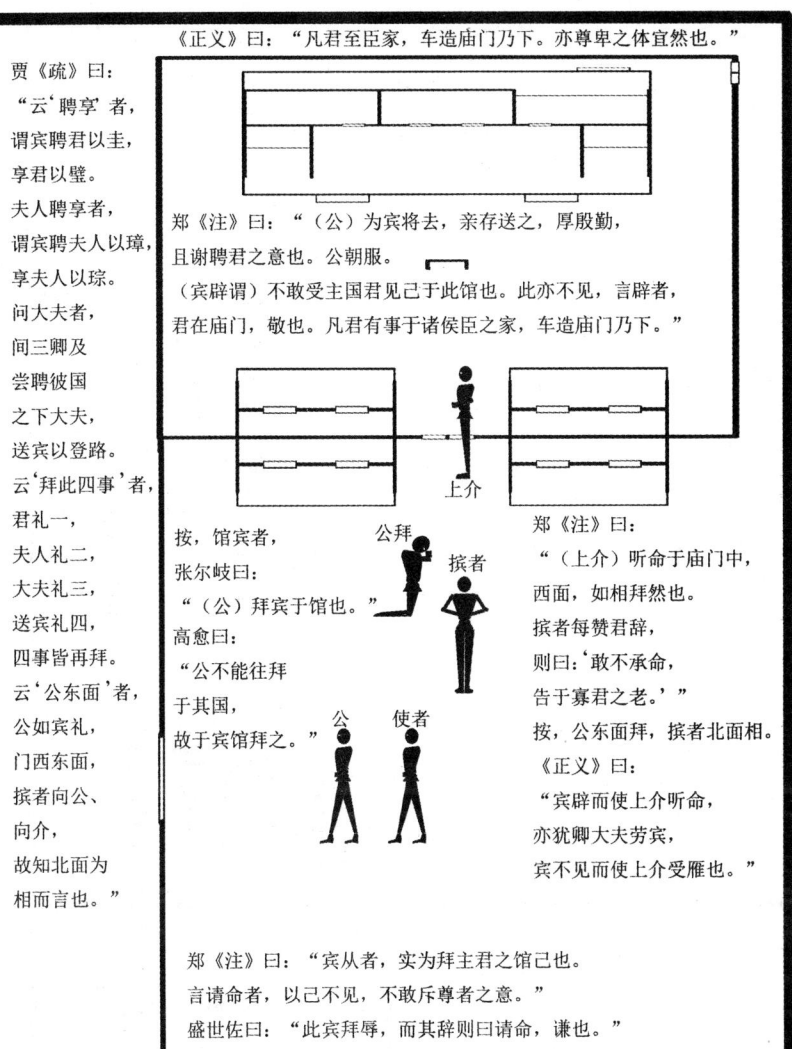

8-25-1 公馆宾,宾请命图

按，宰自公之东（公左）至使者东（宾右），使者授圭，授上介之璋，授贿币束纺，
授礼玉束帛加璧，授礼币。郑《注》曰："礼币，主国君初礼宾之币也。
以尽言赐礼，谓自此至于赠。"
张尔岐云："至郊劳至赠行，入度礼宾，皆有币。执郊劳之币，而历举其全以告也。"
《正义》曰："由劳至赠币，不胜执，故执初以该终也。"

上宾之公币、私币皆陈，上介公币陈，他介皆否。
郑《注》曰："皆否者，公币、私币皆不陈。
此币，使者及介所得于彼国君卿大夫之赠赐也。
其或陈或不陈，详尊而略卑也。
其陈之，及卿大夫处者待之，如夕币。
其礼于君者不陈。上宾，使者。公币，君之赐也。
私币，卿大夫之币也。他介，士介也。言他，容众从者。
（束帛）不加于其皮上，荣其多也。"
贾《疏》曰："此决初夕币时，束帛皆加于左皮上。
今不言加于皮上者，若加于皮上，相掩蔽，
故不加于皮上，荣其多也。"
胡培翚曰："盖不令其相掩，以见其多也。"

按，据敖继公说，陈币之法为：
公币在西，
私币次而东，
上介币又次之，
三者又以所得先后为序。

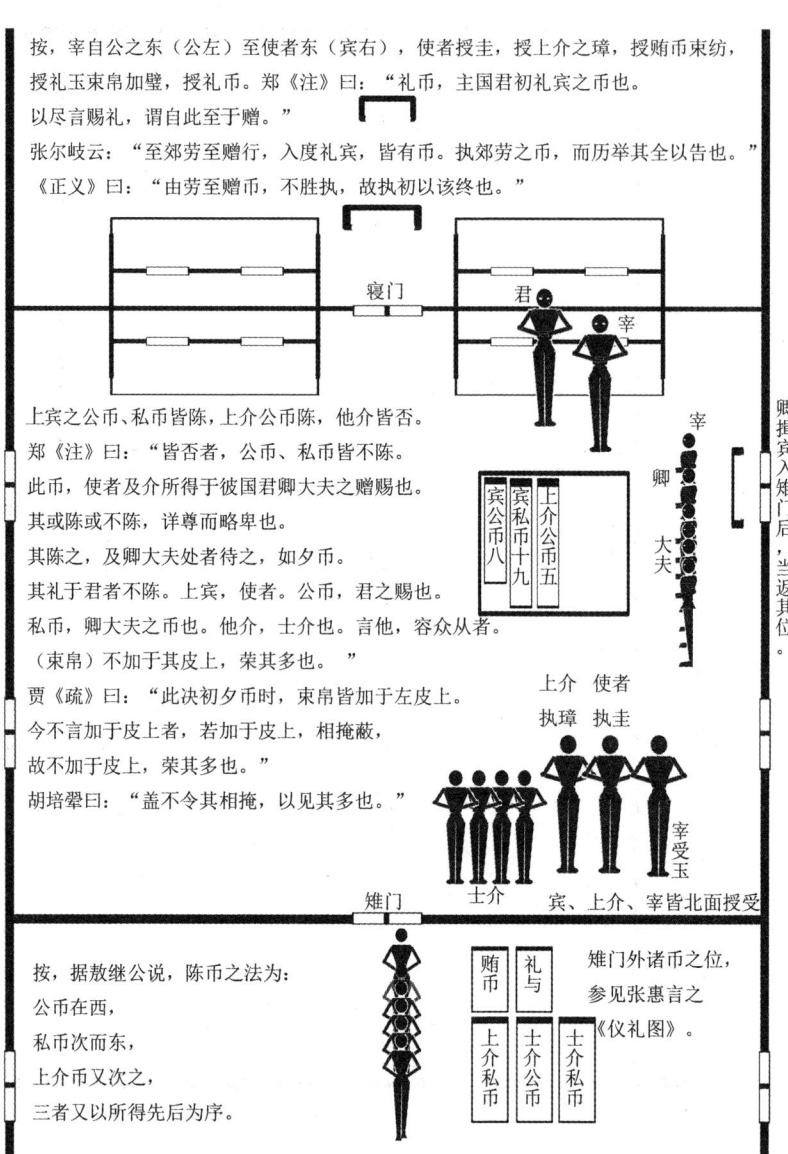

8-27-1　使者反命图一

按，宾执主君初礼宾之币以告公，上介徒手告公；士介不告公。

褚寅亮曰："（公）于使者言答再拜，于上介不言答再拜而言答拜，则一拜可知。于士介言亦如之，则旅答一拜可知。"

贾《疏》曰："案《曲礼》云'君于士不答拜'，此君答拜士者，以其新行反命，君劳苦之，故答拜异于常也。"

盛世佐云："公（赐币）不答拜者，以其惠不出于己也，答之嫌于己赐。"

郑《注》曰：
"（宾）授上介币，当拜公言也。
不授宰者，当复陈之。
（君赐宾币）以所陈币赐之也。礼，臣子，人赐之而必献之君父，不敢自私服也。
君父因以予之，则拜受之，如更受赐也。
既拜，宰以上币授之。
（君赐介）士介之币，
皆载以造朝，不陈之耳。
与上介同受赐命，俱拜。
既拜，宰亦以上币授上介。"

公赐
公拜
宾执礼币告，拜劳拜赐
上介徒手告，拜劳拜赐
士介四人不告拜劳拜赐
宰还宾与上介之币

按，私币不告，郑《注》曰："亦略卑也。"
《正义》曰："宾之私币，虽陈而不告，以其非彼国君尊者之赐，故略之。"

8-27-2　使者反命图二

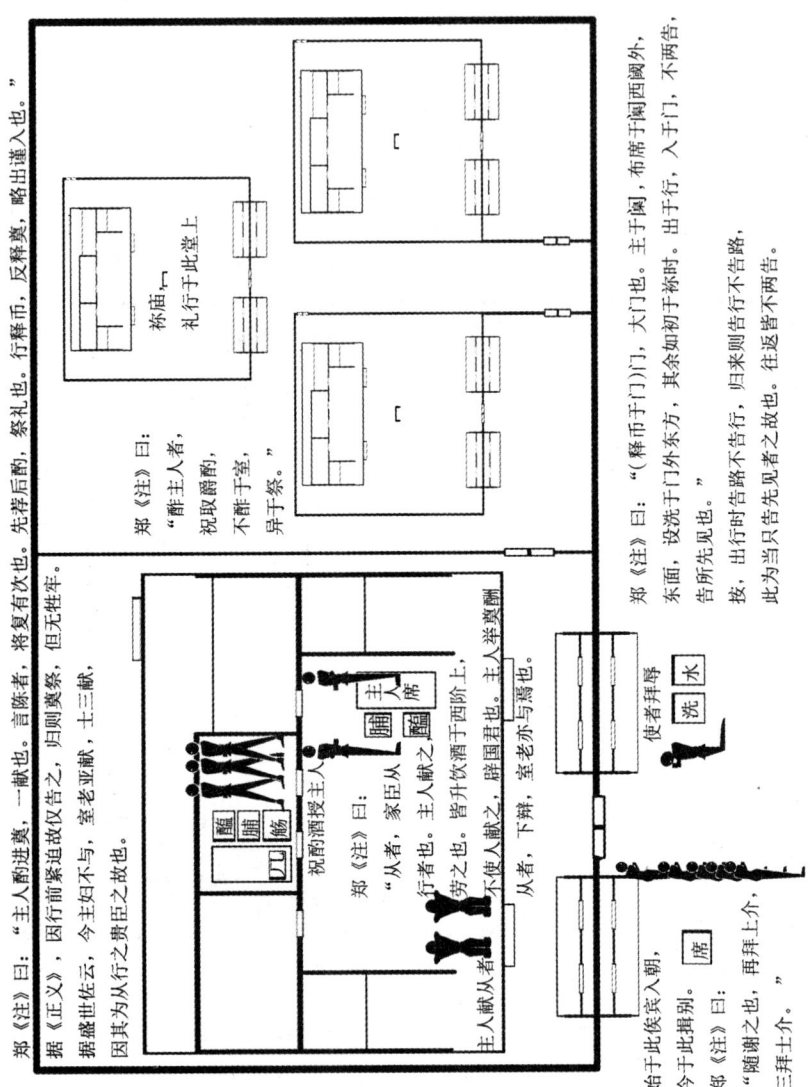

8-28-1 使还礼门奠栎图

聘礼所涉人物一览表

聘礼第八

	一、行前准备				二、到达主国						三、正式聘问														四、聘毕归国				五、若干变例				
	1.命使	2.书币	3.将行释币告祢与行	4.受命·遂行	5.过邦假道	6.豫习威仪	7.至竟迎入	8.入竟展币	9.郊劳	10.致馆设飧	11.聘享	12.主君醴宾	13.私觌	14.宾礼毕·出公送宾	15.宾请有事·卿先往劳之	16.归饔饩于宾·介	17.宾问卿·面卿	18.介面卿	19.问下大夫	20.大夫代受币	21.夫人归礼·宾介	22.大夫饫宾介	23.主国君臣豫食宾介	24.还玉及贿礼	25.公馆宾·宾请命	26.宾行·主国赠送	27.使者反命·赐回所进币	28.使还礼门莫称	29.遭所聘国君丧·及夫人世子丧	30.出聘后本国君薨	31.聘宾有私丧	32.出聘宾介死	33.小聘
行聘国 国君(聘君)	图事命使者·上介	检查礼物·指人摈																															
世子				与礼致命																							慰劳·赐回所进币			去世	吊唁宾介		
																																	宾告毕哭

续表

聘礼第八

	一、行前准备				二、到达主国						三、正式聘问														四、聘毕归国				五、若干变例				
	1.命使	2.书币	3.格行释币·告祢舆行	4.受命·遂行	5.过邦假道	6.豫习威仪	7.至竟迎入	8.入竟展币	9.郊劳	10.致馆设飧	11.聘享	12.主君醴宾	13.私觌	14.宾礼毕·出·公送宾	15.宾请有事·卿先往之	16.归饔饩于宾介	17.宾问卿·面卿	18.介面卿	19.问下大夫	20.大夫代受币	21.夫人归礼宾介	22.大夫饩宾介	23.主国君臣飨食宾介	24.还玉及随礼	25.公馆宾·宾请命	26.宾行·主国赠送	27.使者反命	28.使还·礼门奠祢	29.遭所聘国国君及夫人世子丧	30.出聘后本国国君薨	31.聘宾有私丧	32.出聘宾介死	33.小聘
国君（聘君）	图事命使者·上介	检查礼物·揣人称		与礼致命																							慰劳·赐回所进币		去世	宾告毕哭		吊念宾介	
世子																														宾告毕哭			
卿	图事	与礼		与礼																							与礼·傧宾入门						
行聘国																																	

"上大夫曰卿。"据崔灵恩云，诸侯立有三卿，司徒兼冢宰之事，今司马兼宗伯之事，立司空兼司寇之事。

续表

聘礼第八

一、行前准备					二、到达主国					三、正式聘问														四、聘毕归国				五、若干变例				
1.命使	2.书币	3.将币行 释币告祢奠行	4.受命遂行	5.过邦假道	6.肄习威仪	7.至竟袭入	8.入竟展币	9.郊劳	10.致馆设飧	11.聘享	12.主君礼宾	13.私觌	14.宾礼毕出,公送宾	15.宾请有事,卿先往劳之	16.归饔饩于宾介	17.宾问卿、面卿	18.介面卿	19.问下大夫	20.大夫代受币	21.夫人归礼宾介	22.大夫饩宾介	23.主国君臣飨食宾介	24.还玉及贿礼	25.公馆宾,宾请命	26.宾行,主国赠送	27.使者反命	28.使迓门奠称礼	29.遭所聘国国君丧,及夫人世子丧	30.出聘后本国国君薨	31.聘宾有私丧	32.出聘宾介死	33.小聘

| 宰 | 命司马戒众介议所用币资 | | | | | | | | | 书币命宰夫告具授书于宾 | | | | | 授使者主璋等礼物 | | | | | | | | | | | 代君受授币 | | | | | |
| 若《周礼》冢宰,诸侯以司徒兼之,卿爵。 |
| 司马 | 戒众介 |
| 若《周礼》之夏官司马。"卿诏兼宗伯者。" |

聘礼第八

阶段	序号	事项	说明
一、行前准备	1	命使	受命之后议其所用粮资
	2	书币	率众介受书后授上介
	3	将行释币告祢奠行	行释币礼
	4	受命・遂行	受君命，受玉，接受大夫饯行
	5	过邦假道	派介借道，告诫随行，接受第三国的馈赠
二、到达主国	6	豫习威仪	演习
	7	至竟郊迎入	
	8	入竟展币	与礼听上介致辞
	9	郊劳	命张旜受大夫同，受卿下大夫劳使侯劳者
	10	致馆设飧	至外朝见君后至馆见其贽
三、正式聘问	11	聘享	行聘享礼，主君不能见则由主国之卿代之
	12	主君醴宾	请见受醴若卿代君享聘礼则不醴宾
	13	私觌	私觌代辞降拜觌后可能私献
	14	宾礼毕出・公送宾	对公之问拜谢
	15	宾请有事卿先往劳之	请求同大夫至馆卿大夫至则不见
	16	归饔饩于宾介	受饔饩侯卿谢君
	17	宾问卿・面卿	行问卿礼与面礼，司请求参观宫室
	18	介面卿	代士介辞问大夫后当回见其贽
	19	问下大夫	
	20	大夫代受币	问大夫后当问君请求回国
	21	夫人归礼宾介	受馈赠侯大夫拜谢
	22	大夫饫宾介	出迎受饫
	23	主国君臣飨食宾介	接受食礼飨礼燕礼拜谢
	24	还玉及酬礼	受玉受礼受回书
四、聘毕归国	25	公馆宾・宾请命	不敢见君后随至朝请命
	26	宾行・主国礼送	拜谢于朝出行受赠临行礼馆舍主人
	27	使者反命	归告公使状献币归家后拜谢众介
	28	反还门礼及称	祭门神告称酬劳从者
五、若干变例	29	遭所聘国国君丧・及夫人世子丧	致辞聘问
	30	出聘后本国君薨	未入竟则告与椁近前再哭
	31	聘宾有私丧	哭未与饔食国走介后
	32	出聘将介死	若介死则将介之椁柩送于其家
	33	小聘	以献礼代飨礼不受醴私见主君亦不升堂

又可称"宾"，据郑《注》，这里的使者当以卿为之。

使者：

续表

聘礼第八

	一、行前准备				二、到达主国						三、正式聘问															四、聘毕归国				五、若干变例				
	1.命使	2.书币	3.将行释币告祢舆行	4.受命·遂行	5.过邦假道	6.豫习威仪	7.至竟展币入	8.入竟展币	9.郊劳	10.致馆设飧	11.聘享	12.主君礼宾	13.私觌	14.宾礼毕出,公送宾	15.宾请有事,卿先往劳之	16.归饔饩于宾介	17.宾问卿·面卿	18.介面卿	19.问下大夫	20.大夫代受币	21.夫人归礼宾介	22.大夫饩宾介	23.主国君臣飨食宾介	24.还玉及赠礼	25.公馆宾,宾请命	26.宾行·主国赠送	27.使者反命	28.使还礼门莫酢	29.遭所使国国君丧及夫人世子丧	30.出聘后本国君薨	31.聘宾有私丧	32.出聘宾介死	33.小聘
大夫	图事	与礼		与礼贱行																							与礼			宾告毕哭			

据《礼记·王制》,诸侯之官有五等,上大夫三人曰卿,下大夫五人,上士、中士、下士二十七人。胡匡衷经过考证后认为"诸侯大夫不止五人,推三卿下五大夫谓之'小卿'"。

续表

聘礼第八

阶段	序号	仪节	内容
一、行前准备	1	命使	受命
	2	书币	受宾书,视载置书于车
	3	将行,释币告祢行	行释币礼
	4	受命,遂行	俟宾受命,受宾玉,出门受贾人
二、到达主国	5	过邦假道	受诫,接受第三国的馈赠
	6	豫习威仪	演习
	7	至竟,宾迎入	
	8	入竟,宾展币	与礼监宾人,告于宾
	9	郊劳	为使者摈赞,传命
	10	致馆设飧	宾与君同往来传话
三、正式聘问	11	聘享	受币授宾,相宾聘享
	12	主君醴宾	受宾币,佐其行礼事
	13	私觌	私觌
	14	宾礼毕,出,公送宾	拜谢
	15	宾请有事,卿先往劳之	为摈代宾纳卿大夫之挚,若卿大夫至不见
	16	归饔饩于宾介	出请入告,佐其行礼事,受饔饩,候大夫
	17	宾问卿、面卿	与礼赞宾行礼事
	18	介面卿	特面卿
	19	问下大夫	同下大夫(同大夫后当回见其讶)
	20	大夫代受币	
	21	夫人归礼宾介	接受馈赠,候大夫
	22	大夫饩宾介	受饩
	23	主国君臣飨食宾介	接受食礼、飨礼、燕礼、拜谢祖任燕礼的宾
	24	还玉及赠礼	受玉、出庙请事、佐其行礼事
四、聘毕归国	25	公馆宾,宾请命	听君之命
	26	宾行,主国赠送	受赠临行赠馆舍主人
	27	使者反命	为宾相礼,向君汇报,出门取币,礼毕送宾
	28	使返,礼门奠祢	祭门神,告祢,酬劳从者
五、若干变例	29	遭所聘国国君丧、及夫人世子丧	
	30	出聘后本国国君薨	未入竟则返,宾告毕,近馆袒哭
	31	聘宾有私丧	
	32	出聘宾介死	宾卒则摄礼,送宾馆柩返,若卒其仪若宾
	33	小聘	

上介

聘礼第八

	一、行前准备				二、到达主国						三、正式聘问										四、聘毕归国				五、若干变例				
	1.命使	2.书币	3.将行释币告祢及行	4.受命·遂行	5.过邦假道	6.豫习威仪	7.至竟展币入	8.入竟展币	9.郊劳	10.致馆设飧	11.聘享	12.主君醴宾	13.私觌	14.宾礼毕·出·公送宾	15.宾请有事,卿先任劳之	16.归饔饩于宾介	17.宾问卿、面卿	18.介面卿	19.问下大夫	20.大夫代受币	21.夫人归礼宾介	22.大夫饮宾介	23.主国君臣食宾介	24.还玉及贿礼	25.公馆宾,宾请命	26.宾行,主国赠送	27.使者反命	28.使迓归国门奠称	29.遭所聘国国君丧·及夫人世子丧	30.出聘后本国国君薨	31.聘宾有私丧	32.出聘宾介死	33.小聘

据郑《注》,介为"有司佐礼者,介为众介中最尊者,上介为众介中最尊者,当以大夫为之,为使者之副。若使者不能行聘则摄使者之事。

宾告毕哭

从荸受皮

| 士 | | | | | | | | | | | | | | | | | | | | | | | | | | | | | | | | | |

据《礼记·王制》,诸侯当有二十七士。但据《仪礼正义》,诸侯之士当不止二十七人。

续表

聘礼第八

阶段	序号	事项	内容
一、行前准备	1.	命使	受命
	2.	卜币	与礼
	3.	将行，释币告祢奠行	行释币礼
	4.	受命，遂行	俟使者受命
二、到达主国	5.	过邦假道	假道·受诫·接受馈赠
	6.	习习威仪	演习
	7.	至宾馆迎入	
	8.	入竟展币	与礼
	9.	郊劳	
	10.	致馆设飧	
三、正式聘问	11.	聘享	相使者行礼事
	12.	主君醴宾	受宾马·佐其行礼事
	13.	私觌	私觌
	14.	宾礼毕，出，公送宾	拜谢
	15.	宾请有事，卿先往劳之	代上介纳卿大夫之挚
	16.	归饔饩于宾介	受饔饩·不俟宰夫受祭肉
	17.	宾问卿·面卿	与礼·赞使者行礼事
	18.	介面卿	面卿
	19.	问下大夫	三人从上介同问大夫·见后当回见其讶
	20.	大夫代受币	
	21.	夫人归礼宾介	礼不及士介
	22.	大夫饩宾介	受饩
	23.	主国君臣飨食宾介	接受食礼·飨礼·燕礼·拜谢
	24.	还玉及随礼	与礼
四、聘毕归国	25.	公馆宾·宾请命	
	26.	宾行·主国赠送	受赠·临行赠馆舍主人
	27.	使者反命	与礼·从介出·执皮礼毕送宾归家
	28.	使还门奠称祢	祭门神·告称酬从者
五、若干变例	29.	遭所聘国国君丧，及夫人世子丧	
	30.	出聘后本国君薨	未入竟则返，宾告毕·近梈椁哭
	31.	聘宾有私丧	归国行于宾前
	32.	出聘介死	若卒主君不素吊
	33.	小聘	
土介			

续表

聘礼第八

	一、行前准备					二、到达主国					三、正式聘问														四、聘毕归国				五、若干变例				
	1.命使	2.书币	3.将行释币告祢巢行	4.受命·遂行	5.过邦假道	6.肄习威仪	7.至竟迎入	8.入竟展币	9.郊劳致币	10.致馆设飧	11.聘享	12.主君醴宾	13.私觌	14.宾礼毕,出,公送宾	15.宾请有事,卿先任劳之	16.归饔饩于宾介	17.宾问卿、面卿	18.介面卿	19.问下大夫	20.大夫代受币	21.夫人归礼宾介	22.大夫饩宾介	23.主国君臣飨食宾介	24.还玉及贿礼	25.公馆·宾请命	26.宾行·主国赠送	27.使者反命	28.使还礼门莫称	29.遭所聘国国君丧及夫人世子丧	30.出聘后本国君薨	31.聘宾有私丧	32.出聘宾介死	33.小聘
太史		读书展币																															
宰夫										命有司具币																							

土介, 亦称下介, 是由士来担任的。经文中的"次介"亦属于土介。

即是左史, 在史官系统中侧重于记录诸侯之行事。胡匡衷经过考证后, 认为任职于诸侯的太史当以上土为之。

为诸侯"掌宾客之献饮食者也"。贾公彦认为"诸侯宰夫是土"

续表

聘礼第八

	一、行前准备				二、到达主国										三、正式聘问										四、聘毕归国				五、若干变例				
	1.命使	2.书币	3.将行释币告称舆行	4.受命告称遂行	5.过邦假道	6.豫习威仪	7.至竟展币	8.入竟展币	9.郊劳	10.致馆设飱	11.聘享宾馆	12.主君醴宾	13.私觌	14.宾礼毕出公送宾	15.宾请有事卿先往劳之	16.归饔饩于宾介	17.宾问卿面卿	18.介面卿	19.问下大夫	20.大夫代受币	21.夫人归礼宾介	22.大夫饩宾介	23.主国君臣飱食宾介	24.还玉及随礼	25.公馆宾请命	26.宾行·主国赠送	27.使者反命	28.使还礼门夷称	29.遭所聘国国君丧·及夫人世子丧	30.出聘后本国国君薨	31.聘宾有私丧	32.出聘宾介死	33.小聘
管人		布幕								展币授币																							
贾人								执玉告上介		取玉受幸·出门受玉													受玉及随币礼玉									

胡匡衷认为：“管人，主馆舍者。”"聘问国的管人布幕，协助国君检查聘问所用的礼物。"按《周礼》中，"天子之掌次，掌舍、幕人三职，均为下士担任。"贾公彦于其《疏》中引《周礼·天官》又曰："天子之掌次，掌舍、幕人三职亦相接。"贾公彦安排使者往，主国管人负责之处。

胡匡衷认为："贾人，主要负责掌管聘礼所用的礼物"。郑《注》说，"在官知物价者"。胡匡衷认为，其为"庶人在官者，次于府、史"。贾人似专掌玉，不掌马。

续表

聘礼第八

	一、行前准备				二、到达主国						三、正式聘问																四、聘毕归国		五、若者变例				
	1.命使	2.书币	3.将行释币告祢奠行	4.受命遂行	5.过邦假道	6.豫习威仪	7.至竟迎入	8.入竟展币	9.郊劳裼币	10.致馆设飧	11.聘享	12.主君礼宾	13.私觌	14.宾礼毕·出·公送宾	15.宾请有事·卿先往劳之	16.归饔饩于宾介	17.宾问卿·面卿	18.介面卿	19.问下大夫	20.大夫代受币	21.夫人归礼宾介	22.大夫饩宾介	23.主国君臣饫食宾介	24.还玉及贿礼	25.公馆宾·宾请命	26.宾行·主国赠送	27.使者反命	28.使还反门莫敢称	29.遭所聘国君丧及夫人世子丧	30.出聘后本国君薨	31.聘宾有私丧	32.出聘宾介死	33.小聘
史					读戒书																												
司马					执策示罚																												
廋车																																	

胡匡衷认为其为太史之属官，随使者一起出国行聘。使者在边界上告诫一行人时为使者宣读戒警之书。

行聘国之司马的属官，非卿爵之司马。胡匡衷认为其为"司马之属官，从聘宾行者"，主要负责在史宣读戒警之书时，执策示罚。

郑玄认为其相当于《周礼》中的廋人与巾车二职。廋人，任职于诸侯，胡匡衷认为由出士旅食担任。具体职责不详，疑似管理行聘礼所用的车马。

续表

聘礼第八

	一、行前准备				二、到达主国						三、正式聘问														四、聘毕归国				五、若干变例				
	1.命使	2.书币	3.将行释币告祢袆行	4.受命·遂行	5.过邦假道	6.豫习威仪	7.至竟迎入	8.人竟展币	9.郊劳	10.致馆设飨	11.聘享	12.主君醴宾	13.私觌	14.宾礼毕出·公送宾	15.宾请有事·卿先往劳之	16.归饔饩于宾介	17.宾问卿、面卿	18.介问面卿	19.问下大夫	20.大夫代受币	21.夫人归礼宾介	22.大夫饩宾介	23.主国君臣食宾介	24.还玉及赠礼	25.公馆宾·宾请命	26.宾行·主国赠送	27.使者反命	28.使还礼门奠称	29.遭所聘国国君表、及夫人世子表	30.出聘后本国君薨	31.聘宾有私表	32.出聘宾介死	33.小聘
郊人							据《仪礼正义》说，郊人即郊遂之官。其主要负责听使者之词，再报告于君，这是因为，已久在外，傥有果恶，不可以入。																		宾归告君				若未入竟则返			
从者	装车		为坛陈设 接受诫命		布幕陈设 展牲币·自告于宾		陈设 执皮		陈设 执皮	二人赞马·二人赞皮	设庭实·执皮	设庭实·接受祭肉		陈设 二人赞皮																			

从者即从使者、众介行聘之有司。

聘礼第八

	一、行前准备				二、到达主国						三、正式聘问									四、聘毕归国									五、若干变例				
	1.命使	2.书币	3.将行释币告祢·遂行	4.受命告祢	5.过邦假道	6.豫习威仪	7.至竟展入	8.入竟展币	9.郊劳	10.致馆设飧	11.聘享	12.主君礼宾	13.私觌	14.宾礼毕出·公送宾	15.宾请有事·卿先任劳之	16.归饔饩于宾介	17.宾问卿·面卿	18.介面卿	19.问下大夫	20.大夫代受币	21.大夫归礼宾介	22.大夫饩宾介	23.主国君臣飨食宾介	24.还玉及贿礼	25.公馆宾·宾请命	26.宾行·主国赠送	27.使者反命	28.使还礼门外称贾	29.遭所聘国国君丧·及夫人世子丧	30.出聘后本国君薨	31.出聘宾有私丧	32.出聘宾介死	33.小聘
有司		陈设礼物																								陈币				告宾君丧			
老 胡匡衷认为："司，主也。凡事有专主之者谓之有司。"																纳币授束馆以赠											为家主纳币	向家主祖先神献酒					
使者之家臣或子弟 亦称宰、家宰，是任职于卿的家臣。据胡匡衷考证，其当由大夫担任，主要负责佐家主行礼事，亦有为家主掌管财物收藏的执事。																																	

续表

聘礼第八

一、行前准备	1. 命使 2. 君书币 3. 将行·释币告庙 4. 受命·速行	
二、到达主国	5. 过邦假道·遂行 6. 豫习威仪 7. 至竟展币 8. 入竟迎宾 9. 郊劳 10. 致馆设飧	
三、正式聘问	11. 聘享 12. 主君礼宾 13. 私觌 14. 宾礼毕·出·公送宾 15. 宾请有事·卿先往劳之 16. 归饔饩于宾介 17. 宾问卿、面卿 18. 介面卿 19. 问下大夫 20. 大夫代受币 21. 夫人归礼宾介 22. 大夫饩宾介 23. 主国君臣飨食宾介 24. 还玉及嗣礼	
四、聘毕归国	25. 公馆宾·宾请命 26. 宾行·主国赠送 27. 使者反命 28. 使还门外奠称	
五、若干变例	29. 遭所聘国国君丧、及夫人世子丧 30. 出聘后本国君薨 31. 聘宾有私丧 32. 出聘宾介死 33. 小聘	

| 士 | 据《仪礼正义》，使者有家老，为家相；有士，为邑宰。……又家宰尊于邑宰，其家宰尊者有邑宰。 | 向家主祖先神献酒 |
| 祝 | 佐家主释币 | |

据《仪礼正义》，使者有家老，为家相；有士，为邑宰。其主要负责协助家主行礼事。胡匡衷认为："春秋时凡卿大夫私邑皆有邑宰，……若邑宰则士为之。"诸侯之卿得立大夫一等以为宰。

续表

聘礼第八

	一、行前准备	二、到达主国	三、正式聘问	四、聘毕归国	五、若干变例
	1. 命使 2. 书币 3. 将行释币告称舆行 4. 受命遂行	5. 过邦假道 6. 豫习威仪 7. 至竟展币入 8. 入竟展币 9. 郊劳 10. 致馆设飧	11. 聘享 12. 主君礼宾 13. 私觌 14. 宾礼毕出公送宾 15. 宾请有事卿先往劳之 16. 归饔饩于宾介 17. 宾问卿面卿 18. 介面卿 19. 问下大夫 20. 大夫代受币 21. 大夫归礼宾介 22. 大夫饩宾介 23. 主国君臣飨食宾介 24. 还玉及贿礼	25. 公馆宾，宾请命 26. 宾行，主国赠送 27. 使者反命 28. 使还归门奠称	29. 遭所聘国国君丧及夫人世子丧 30. 出聘后本国君薨 31. 聘宾有私丧 32. 出聘宾介死 33. 小聘
祝告					
小	任职于卿的家臣，其应当随使者一起出国行聘，当使者需要有人为其祝告时就暂代祝之职为使者祝告。				
为户					
子弟	据敖继公云，子弟从行者众矣，当君馈饔饩后，当签其中一人为户。按，户即在祭祀中扮演受祭者的活人。				
有司	布席设几			陈设进脯醢酒 受画酒	

续表

聘礼第八

阶段	项目		
一、行前准备	1. 命使		
	2. 书币		
	3. 将行释币告称舆行		
	4. 受命·遂行		
二、到达主国	5. 过邦假道		
	6. 豫习威仪		
	7. 至夷迎入		
	8. 入賨展币		
	9. 郊劳		
	10. 致馆设飧		
三、正式聘问	11. 聘享		
	12. 主君禮宾		
	13. 私觌		
	14. 宾礼毕·出·公送宾		
	15. 宾请有事·卿先往劳之		
	16. 归饔饩于宾介		
	17. 宾问卿·面卿		
	18. 介面卿		
	19. 问下大夫		
	20. 大夫代受币		
	21. 夫人归礼宾介		
	22. 大夫饮宾介		
	23. 主国君臣餮食宾介		
	24. 还玉及随礼		
四、聘毕归国	25. 公馆宾·宾请命		
	26. 宾行·主国赠送		
	27. 使者反命		
	28. 使者还礼门奠称	向家主祖先神献酒	向家主祖先神献酒
五、若干变例	29. 遭所聘国国君丧·及夫人世子丧		
	30. 出聘后本国君薨		
	31. 聘宾有私丧		
	32. 出聘宾介死		
	33. 小聘		
		老 上介之家臣	士

续表

聘礼第八

一、行前准备	二、到达主国	三、正式聘问	四、聘毕归国	五、若干变例
1. 命使	5. 过邦假道	11. 聘享	25. 公馆宾·宾请命	29. 遭所聘国国君丧·及夫人世子丧
2. 书币	6. 豫习威仪	12. 主君醴宾	26. 宾行·主国赠送	30. 出聘后本国君薨
3. 将行释币告祢遂行	7. 至宾馆迎入	13. 私觌	27. 使者反命	31. 聘宾有私丧
4. 受命·遂行	8. 入竟展币	14. 宾礼毕·出·公送宾	28. 使还礼门奠币称	32. 出聘宾介死
	9. 郊劳	15. 宾请有事·卿先往劳之		33. 小聘
	10. 致馆设飧	16. 归饔饩于宾介		
		17. 宾问卿、面卿		
		18. 介面卿		
		19. 问下大夫		
		20. 大夫代受币		
		21. 夫人归礼宾介		
		22. 大夫饩宾介		
		23. 主国君臣飨食宾介		
		24. 还玉及赠礼		

佐家主行释币礼

祝告 为尸

祝 侑 子弟

续表

聘礼第八

一、行前准备				二、到达主国						三、正式聘问													四、聘毕归国					五、若干变例				
1.命使	2.书币	3.将行：释币告祢、舆行	4.受命·遂行	5.过邦假道	6.豫习威仪	7.至竟、展币、迎入	8.入竟展币	9.郊劳	10.致馆设飧	11.聘享	12.主君醴宾	13.私觌	14.宾礼毕，出，公送宾	15.宾请有事，卿先往劳之	16.归饔饩于宾介	17.宾问卿、面卿	18.介面卿	19.问下大夫	20.大夫代受币	21.夫人归礼宾介	22.大夫饩宾介	23.主国君臣飨食宾介	24.还玉及贿礼	25.公馆宾·宾请命	26.宾行，主国赠送	27.使者反命	28.使返礼门奠称	29.遭所聘国国君丧·及夫人世子丧	30.出聘后本国君薨	31.聘宾有私丧	32.出聘宾介死	33.小聘
		布席设几																									陈设脯醢进酒受酬酒					
																											向家主祖先神献酒					

有司

老　士介之家臣

续表

聘礼第八

	一、行前准备				二、到达主国						三、正式聘问														四、聘毕归国				五、若干变例				
	1.命使	2.书币	3.将行释币告称舆行	4.受命币·遂行	5.过邦假道	6.肄习威仪	7.至竟展入	8.入竟展币	9.郊劳	10.致馆设飧	11.聘享	12.主君醴宾	13.私觌	14.宾礼毕·出·公送宾	15.宾请有事·卿先往劳之	16.归饔饩于宾介	17.宾问卿·面卿	18.介面卿	19.问下大夫	20.大夫代受币	21.夫人归礼宾介	22.大夫饩宾介	23.主国君臣飨食宾介	24.还玉及隋礼	25.公馆宾·宾请命	26.宾行·主国赠送	27.使者反命	28.使还礼门外	29.遭所聘国国君丧·及夫人世子丧	30.出聘后本国君薨	31.聘宾有私丧	32.出聘宾介死	33.小聘
祝			佐家主释币																														
有司			布席设几																									陈设进脯醢酒·受酬酒					

续表

聘礼第八

	一、行前准备				二、到达主国						三、正式聘问														四、聘毕归国				五、若干变例				
	1.命使	2.书币	3.将行释币告祢舆行	4.受命遂行	5.过邦假道	6.肄习威仪	7.至竟迎入	8.入竟展币	9.郊劳	10.致馆设飧	11.聘享	12.主君礼宾	13.私觌	14.宾礼毕出，公送宾	15.宾请有事，卿先任劳之	16.归饔饩于宾介	17.宾问卿、面卿	18.介面卿	19.问下大夫	20.大夫代受币	21.夫人归礼宾介	22.大夫饮宾介	23.主国君臣食宾介	24.还玉及贿礼	25.公馆宾、宾请命	26.宾行、主国赠送	27.使者反命	28.使还礼门冀称	29.遭所聘国国君丧，及夫人世子丧	30.出聘后本国君薨	31.聘宾有私丧	32.出聘宾介死	33.小聘
国君（主君）						遣士询问宾来意		使下大夫同宾、使卿劳宾	宾初至则设便宴	行聘享礼，聘享后使内史读国书	醴宾赠宾	受宾介亲授辛币、亲后受私献	送、同聘君与卿大夫并慰同宾介	礼辞许	派卿赠送饔饩、许讶帅宾参观宫室				挽留使者·饔食燕馈数日以尽殷勤			为宾介行食礼、燕礼、飨礼	使卿还玉	宿宾、向宾拜谢、前一天使卿送回书	使卿赠			去世			馈赠柏椁等物、品皆使者与上介	不为神设几席、受聘不郊劳
受聘国																																	

续表

聘礼第八

一、行前准备				二、到达主国					三、正式聘问														四、聘毕归国				五、若干变例				
1.命使	2.书币	3.将行释币而告称舆行	4.受命·遂行	5.过邦假道	6.廪习威仪	7.至竟迎入	8.入竟展币	9.郊劳	10.致馆设飧	11.聘享	12.主君礼宾	13.私觌	14.宾礼毕·出·公送宾	15.宾请有事·卿先任劳之	16.归饔饩于宾介	17.宾问卿、面卿	18.介面卿	19.问下大夫	20.大夫代受币	21.夫人归礼宾介	22.大夫饩宾介	23.主国君臣飨食宾介	24.还玉及赠礼	25.公馆宾·宾请命	26.宾行·主国赠送	27.使者反命	28.使还礼门亵称	29.遭所聘国国君丧,及夫人世子丧	30.出聘后本国君薨	31.聘宾有私丧	32.出聘宾介死	33.小聘
夫人								使下大夫劳宾		行聘享礼		亲后受献								命下大夫傧礼								去世				不受聘

《礼记·曲礼下》曰："天子之妃曰后,诸侯曰夫人,大夫曰孺人,士曰妇人,庶人曰妻。"

续表

聘礼第八

分类	序号	事项	说明
一、行前准备	1	命使	
	2	书币	
	3	将行释币告祢奠行	
	4	受命·遂行	
二、到达主国	5	过邦假道	
	6	豫习威仪	
	7	至竟迎入	
	8	入竟展币	
	9	郊劳	
	10	致馆设飧	
三、正式聘问	11	聘享	与礼·一人为上摈·君不能见则代之
	12	主君礼宾	上摈相礼·若君行礼则不醴宾
	13	私觌	上摈相礼·若觌后宾私献亦摈
	14	宾礼毕出·公送宾	上摈相礼
	15	宾请有事·卿先往劳之	宾请事相礼·至馆舍慰劳宾与上介
	16	归饔饩于宾介	馈宾飨饩·受侑。借宾祭器
	17	宾问卿、面卿	接受使者的慰问
	18	介面卿	受介之问·拜谢大夫为摈者
	19	问下大夫	
	20	大夫代受币	代卿受问·但不拜受
	21	夫人归礼宾介	
	22	大夫饩宾介	使家宰与邑宰饩宾介
	23	主国君臣飨食宾介	若君不亲至·则执币币君致辞
	24	还玉及赠礼	还玉·赠献聘君之礼·及本国回书
四、聘毕归国	25	公馆宾·宾请命	
	26	宾行·主国赠送	赠宾
	27	使者反命	
	28	使还礼复称	
五、若干变例	29	遭所聘国国君丧·及夫人世子丧	为主人醴宾馈宾·代公受礼
	30	出聘后本国君薨	
	31	聘宾有私丧	
	32	出聘宾介死	
	33	小聘	

续表

聘礼第八

	一、行前准备					二、到达主国					三、正式聘问														四、聘毕归国				五、若干变例				
	1.命使	2.书币	3.将行释币告祢称弥行	4.受命·遂行	5.过邦假道	6.豫习威仪	7.至竟展人	8.入竟展币	9.郊劳展币	10.致馆设飧	11.聘享	12.主君礼宾	13.私觌	14.宾礼毕·公送宾	15.宾请有事·卿先往劳之	16.归饔饩于宾·介	17.宾问卿·面卿	18.介面卿	19.问下大夫	20.大夫代受币	21.夫人归礼宾·介	22.大夫饩宾·介	23.主国君臣飨食宾·介	24.还玉及贿礼	25.公馆宾·宾请命	26.宾行·主国赠送	27.使者反命	28.使还门·讶礼莫称	29.遭所聘国国君丧,及夫人、世子丧	30.出聘后本国君薨	31.聘宾有私丧	32.出聘宾介死	33.小聘
宰											赞君纳币	受玉																					
宗人											授次	赞君纳币																					

胡匡衷认为:"诸侯无宗伯,以司马兼之。其礼官谓之宗人。""宗人授次见于记文。"宗人授次的时间当在正式行聘享礼之前。

续表

聘礼第八

阶段	序号·礼节	备注	备注
一、行前准备	1. 命使		
	2. 书币		
	3. 将行释币告祢		
	4. 受命·遂行		
二、到达主国	5. 过邦假道		
	6. 肄习威仪		
	7. 至竟迎入		
	8. 入竟展币		
	9. 郊劳	劳宾受俟	
	10. 致馆设飧	帅宾至馆舍	
三、正式聘问	11. 聘享	与礼·一人为承摈	研读国书
	12. 主君醴宾		
	13. 私觌		
	14. 宾礼毕出·公送宾	承摈出	
	15. 宾请有事·卿先往劳之	至馆舍慰劳宾·上介	
	16. 归饔饩于宾介	馈上介·馔饩受俟。借上介祭器	
	17. 宾问卿·面卿	承摈为卿相礼	
	18. 介面卿	承摈为卿相礼	
	19. 问下大夫	若尝至宾国则受问	
	20. 大夫代受币	代大夫受同·但不拜受	
	21. 夫人归礼宾介	馈赠宾上介·受俟礼	
	22. 大夫饯宾介		
	23. 主国君臣燕宾介		
	24. 还玉及贿礼		
四、聘毕归国	25. 公馆宾·宾请命		
	26. 宾行·主国赗送	赠上介	
	27. 使者反命		
	28. 使还礼门奠祢		
五、若干变例	29. 遭所聘国国君丧及夫人世子丧		
	30. 出聘后本国君薨		
	31. 聘宾有私丧		
	32. 出聘宾介死		
	33. 小聘	不郊劳	
		大夫	内史

续表

聘礼第八

一、行前准备	二、到达主国	三、正式聘问	四、聘毕归国	五、若干变例
1. 命使 2. 书币 3. 将行·释币告祢与行 4. 受命·遂行	5. 过邦假道 6. 肄习威仪 7. 至竟展币 8. 入竟展币 9. 郊劳宾 10. 致馆设飧	11. 聘享 12. 主君醴宾 13. 私觌 14. 宾礼毕·出·公送宾 15. 宾请有事·卿先任劳之 16. 归饔饩于宾介 17. 宾问卿、面卿 18. 介面卿 19. 问下大夫 20. 大夫代受币 21. 夫人归礼宾介 22. 大夫饩宾介 23. 主国君臣飨食宾介 24. 还玉及贿礼	25. 公馆宾·宾请命 26. 宾行·主国赠送 27. 使者反命 28. 使还门礼奠祢	29. 遭所聘国国君丧及夫人世子丧 30. 出聘后本国君薨 31. 聘宾有私丧 32. 出聘宾介死 33. 小聘

即是右史,在史官系统中侧重于记录诸侯之言。胡匡衷经过考证后,认为任职于诸侯的太史当以下大夫为之。其主要负责研析行聘国的国书。

士	一至三人为绍摈·受皮纳皮	受马	绍摈出	赠士介

聘礼第八

	一、行前准备				二、到达主国						三、正式聘问														四、聘毕归国				五、若干变例				
	1.命使	2.书币	3.将行释币告祢	4.受命·遂行	5.过邦假道	6.豫习威仪	7.至竟迎入	8.入竟展币	9.郊劳	10.致馆设飧	11.聘享	12.主君醴宾	13.私觌	14.宾礼毕出·公送宾	15.宾请有事·卿先往劳之	16.归饔饩于宾介	17.宾问卿·面卿	18.介面卿	19.问下大夫	20.大夫代受币	21.夫人归礼宾介	22.大夫饫宾介	23.主国君臣饩食宾介	24.还玉及贿礼	25.公馆宾·宾请命	26.宾行·主国赠送	27.使者反命	28.使还礼门莫称	29.遭所聘国国君薨·及夫人世子丧	30.出聘后本国君薨	31.聘宾有私丧	32.出聘宾介死	33.小聘
宰夫										为宾介设便宴		彻几改筵授几醴脯醢	若私献则纳币			饩士介不受饩	馈饔饩后十日共乘禽						若行燕礼则为主人										
管人										设馆备水	受饮	备水	备水	备水	备水	备水	备水	备水	备水	备水	备水	备水	备水	备水	备水	备水							

按:据郑《注》，诸侯正式朝觐天子之前当有掌次为诸侯设次。据《仪礼正义》，诸侯似无掌次，但有管人为兼官，于聘礼中掌使者之次，此有别于观礼者也。

聘礼第八

	一、行前准备					二、到达主国					三、正式聘问														四、聘毕归国				五、若干变例				
	1.命使	2.书币	3.将行释币告祢及行	4.受命,遂行	5.过邦假道	6.豫习威仪	7.至竟展币迎入	8.入竟展币	9.郊劳	10.致馆设飧	11.聘享	12.主君醴宾	13.私觌	14.宾礼毕,出,公送宾	15.宾请有事,卿先往劳之	16.归饔饩于宾介	17.宾问卿、面卿	18.介面卿	19.问下大夫	20.大夫代受币	21.夫人归礼宾介	22.大夫饫宾介	23.主国君臣飨食宾介	24.还玉及贿礼	25.公馆宾·宾请命	26.宾行·主国赠送	27.使者反命	28.使还释礼门祢	29.遭所聘国国君丧-及夫人世子丧	30.出聘后本国君薨	31.聘宾有私丧	32.出聘宾介死	33.小聘
夫人							同宾告公																						若未告,则返				
讶士							请事导入																			送宾出竟							

据《仪礼正义》记载,此士可能相当于《周礼》中的讶士。按,《周礼》中,天子之讶士为中士八人,府四人,史八人,胥八人,徒八十人。贾《疏》曰:"天子官尊,诸侯宜降一等"。则诸侯之讶士亦当以下士为之。

聘礼第八

阶段	序号	项目
一、行前准备	1	命使
	2	书币
	3	将行释币告祢·遂行舆
	4	受命遂行
二、到达主国	5	过邦假道
	6	豫习威仪
	7	至竟展币迎入
	8	入竟展币
	9	郊劳
	10	致馆设飧
	11	聘享
三、正式聘问	12	主君醴宾
	13	私觌
	14	宾礼毕·出·公送宾
	15	宾请有事·卿先往劳之
	16	归饔饩于宾介
	17	宾问卿、面卿
	18	介面卿
	19	问下大夫
	20	大夫代受币
	21	夫人归礼宾介
	22	大夫饩宾介
	23	主国君臣飨食宾介
	24	还玉及贿礼
四、聘毕归国	25	公馆宾·宾请命
	26	宾行·主国赠送
	27	使者反命
	28	使返礼门奠称
五、若干变例	29	遭所聘国君丧·及夫人世子丧
	30	出聘后本国君丧
	31	聘宾有私丧
	32	出聘宾介死
	33	小聘

讶：据郑《注》，讶是"国君所使迎待宾者"。讶为照人在宾者。负责接待前来聘问的宾客同来聘的宾客。

按《仪礼正义》，郑玄认为，卿之讶为大夫，大夫之讶为上士，上士之讶为中士，中士之讶为下士，下士之讶为府史，上介之讶为上士。使者之讶为大夫，上介之讶为士担任。

有司：为君摈礼；陈设；为神布席设几；响马入出届；接受回访；接受回访；与宾与君见传话；宾拜谢住来传话

宾介至馆后拜见；若君许则导宾观宫室；迎宾入馆

续表

聘礼第八

	一、行前准备				二、到达主国						三、正式聘问														四、聘毕归国				五、若干变例				
	1.命使	2.书币	3.将行释币告称舆行	4.受命,遂行	5.过邦假道	6.豫习威仪	7.至竟迎入	8.入竟展币	9.郊劳	10.致馆设飧	11.聘享	12.主君礼宾	13.私觌	14.宾礼毕出,公送宾	15.宾请有事,卿先往劳之	16.归饔饩于宾介	17.宾问卿、面卿	18.介面卿	19.问下大夫	20.大夫代受币	21.夫人归礼宾介	22.大夫饩宾介	23.主国君臣飨食宾介	24.还玉及贿礼	25.公馆宾,宾请命	26.宾行,主国赠送	27.使者反命	28.使还礼门冀称	29.遭所聘国国君丧,及夫人世子丧	30.出聘后本国君薨	31.聘宾有私丧	32.出聘宾介死	33.小聘
老卿之家臣																	纳币																
士																		纳币	从老纳币														
老大夫家臣																						饩宾上介											
士																			纳币			饩众介											

聘礼第八

	一、行前准备					二、到达主国											三、正式聘问								四、聘毕归国				五、若干变例				
	1.命使	2.书币	3.将行释币告祢奠行	4.受命·遂行	5.过邦假道	6.豫习威仪	7.至賓馆迎入	8.入竟展币	9.郊劳	10.致馆设飧	11.聘享	12.主君醴宾	13.私觌	14.宾礼毕出·公送宾	15.宾请有事·卿先往劳之	16.归饔饩于宾介	17.宾问卿·面卿	18.介面卿	19.问下大夫	20.大夫受币	21.夫人归礼宾介	22.大夫饩宾介	23.主国君臣飨食宾介	24.还玉及赠礼	25.公馆宾·宾请命	26.宾行·主国赙送	27.使者反命	28.使还礼门奠祢	29.遭所聘国国君丧·及夫人世子丧	30.出聘后本国君薨	31.聘宾有私丧	32.出聘宾介死	33.小聘
第三国 国君					借道馈赠																												
第三国 下大夫					人告出许																												
第三国 士					帅没其竟																												

据《仪礼正义》记载,此士可能相当于《周礼》中的候人。按,《周礼》中,天子之候人为上士六人、下士十有二人。贾《疏》曰:"天子官尊,诸侯宜降一等。"则诸侯之候人亦当以中士为之。

续表

聘礼第八

大节	细目	页码
一、行前准备	1. 命使	1046
	2. 书币	1046—1047
	3. 将行释币告祢舆行	1047
	4. 受命,遂行	1047
二、到达主国	5. 过邦假道	
	6. 豫习威仪	1048
	7. 至竟迎入	1048—1049
	8. 入竟展币	1049
	9. 郊劳	1049—1051
	10. 致馆设飧	1051—1052
三、正式聘问	11. 聘享	1052
	12. 主君醴宾	1052—1057
	13. 私觌	1057
	14. 宾礼毕,出·公送宾	1057—1059
	15. 宾请有事·卿先往劳之	1059
	16. 归饔饩于宾介	1059
	17. 宾问卿、面卿	1059—1063
	18. 介面卿	1063—1064
	19. 问下大夫	
	20. 大夫代受币	1064
	21. 夫人归礼宾介	
	22. 大夫饩宾介	
	23. 主国君臣飨食宾介	1064—1065
	24. 还玉及赠礼	1066—1067
四、聘毕归国	25. 公馆宾·宾请命	1067
	26. 宾行·主国赠送	1067
	27. 使者反命	1067—1068
	28. 使还礼门奠称	1068—1069
五、若干变例	29. 遭所聘国国君丧·及夫人世子丧	1069
	30. 出聘后本国君薨	1069—1070
	31. 聘宾有私丧	1070
	32. 出聘宾介死	1071—1072
	33. 小聘	1072

附注

聘礼所涉礼例一览表

			通例上第一	通例下第二	饮食之例上第三	饮食之例中第四	饮食之例下第五	宾客之例第六	杂例第十三
聘礼第八	一、行前准备	1. 命使	1-9 1-10 1-14 1-19	2-6 2-13				6-17	13-10
		2. 书币	1-17 1-19	2-2 2-6				6-17	13-10
		3. 将行释币告祢奠行	1-7 1-9 1-14	2-6 2-14 2-19 2-21				6-17	13-11
		4. 受命，遂行	1-2 1-17 1-19	2-1 2-6				6-17	13-10
		5. 过邦假道	1-2 1-19	2-6				6-17	
		6. 豫习威仪		2-6				6-17	
		7. 至竟迎入		2-6				6-17	
		8. 入竟展币		2-6				6-6 6-17	
	二、到达主国	9. 郊劳	1-1 1-3 1-5 1-6 1-7 1-8 1-12 1-14 1-17 1-19	2-2 2-3 2-4 2-6 2-7 2-20				6-1 6-9 6-17	
		10. 致馆设飧	1-1 1-8 1-12 1-14	2-6	3-1 3-2 3-3 3-6 3-7 3-8 3-9 3-10 3-11 3-12 3-13 3-14 3-15 3-16 3-17 3-18	4-13 4-18	5-5 5-6 5-7 5-8 5-9 5-13 5-16 5-17	6-2 6-17	13-10

聘 礼 127

续表

		通例上第一	通例下第二	饮食之例上第三	饮食之例中第四	饮食之例下第五	宾客之例第六	杂例第十三
三、正式聘问	11. 聘享	1-1 1-3 1-5 1-6 1-7 1-8 1-11 1-12 1-14 1-17	2-1 2-2 2-3 2-4 2-6 2-7 2-21				6-3 6-4 6-5 6-9 6-15 6-16 6-17 6-18	13-10
	12. 主君醴宾	1-1 1-3 1-5 1-6 1-7 1-8 1-11 1-14	2-1 2-2 2-3 2-4 2-6 2-7 2-9 2-13 2-17 2-21	3-7 3-10 3-11 3-14	4-10 4-18	5-1 5-2 5-3 5-5 5-6 5-7 5-8 5-9	6-6 6-10 6-15 6-16 6-17 6-18	
	13. 私觌	1-2 1-3 1-4 1-5 1-6 1-7 1-8 1-11 1-14 1-17	2-1 2-2 2-3 2-4 2-6 2-7 2-13				6-4 6-7 6-9 6-10 6-15 6-16 6-17 6-18	
	14. 宾礼毕出，公送宾	1-8 1-13 1-14 1-18	2-6				6-11 6-15 6-16 6-17 6-18	
	15. 宾请有事，卿先往劳之		2-5 2-6				6-17	
	16. 归饔饩于宾介	1-1 1-3 1-5 1-6 1-7 1-8 1-12 1-14 1-17	2-1 2-2 2-3 2-4 2-6 2-7 2-13 2-20		4-13	5-13 5-16 5-17	6-6 6-10 6-12 6-17	

		通例上第一	通例下第二	饮食之例上第三	饮食之例中第四	饮食之例下第五	宾客之例第六	杂例第十三
	17. 宾问卿面卿	1–1 1–3 1–5 1–6 1–7 1–8 1–12 1–14 1–17	2–1 2–2 2–3 2–4 2–6 2–7				6–4 6–7 6–9 6–10 6–17	
	18. 介面卿	1–1 1–3 1–5 1–6 1–7 1–8 1–14	2–1 2–2 2–3 2–4 2–5 2–6 2–7 2–13				6–4 6–7 6–9 6–17	
	19. 问下大夫	1–1 1–3 1–5 1–6 1–7 1–8 1–12 1–14 1–17	2–1 2–2 2–3 2–4 2–6 2–7 2–13				6–4 6–7 6–9 6–10 6–17	
	20. 大夫代受币	1–1 1–3 1–5 1–6 1–7 1–12 1–17	2–1 2–2 2–3 2–4 2–5 2–6 2–7 2–13				6–4 6–9 6–10 6–17	
	21. 夫人归礼宾介	1–1 1–3 1–5 1–6 1–7 1–8 1–12 1–14 1–17	2–1 2–2 2–3 2–4 2–6 2–7 2–13		4–13		6–6 6–10 6–12 6–17	
	22. 大夫饩宾介	1–8 1–14	2–6				6–12 6–17	

聘　礼　129

续表

		通例上第一	通例下第二	饮食之例上第三	饮食之例中第四	饮食之例下第五	宾客之例第六	杂例第十三
	23. 主国君臣飨食宾介	1-1 1-2 1-3 1-4 1-5 1-6 1-7 1-13 1-18	2-6 2-7 2-13		4-10 4-13 4-18 4-19	5-5 5-6 5-7 5-8 5-9 5-13 5-16 5-17	6-17	
	24. 还玉及贿礼	1-1 1-3 1-5 1-6 1-7 1-12 1-13 1-17 1-18	2-1 2-2 2-3 2-4 2-6 2-7				6-8 6-17	
四、聘毕归国	25. 公馆宾，宾请命	1-8 1-14	2-6				6-17	
	26. 宾行，主国赠送	1-8 1-12 1-14	2-1 2-2 2-4 2-6				6-17	
	27. 使者反命	1-2 1-8 1-14 1-17 1-19	2-1 2-6				6-17	13-10
	28. 使还礼门奠祢	1-7	2-6 2-9 2-14 2-19 2-21		4-18	5-5 5-6 5-7 5-8 5-9	6-17	13-11
五、若干变例	29. 遭所聘国国君丧，及夫人世子丧	1-7	2-6				6-17	
	30. 出聘后本国君薨	1-7	2-6				6-17	
	31. 聘宾有私丧		2-6				6-17	
	32. 出聘宾介死		2-6				6-17	

续表

		通例上第一	通例下第二	饮食之例上第三	饮食之例中第四	饮食之例下第五	宾客之例第六	杂例第十三
	33.小聘	1-1 1-2 1-4 1-5 1-19	2-6				6-17	
记文	34.记有故卒聘致书之事							
	35.使者受命将行之礼							
	36.朝聘玉币							
	37.修辞之节因及辞对二言							
	38.记宾馆并管人所供							
	39.记设飧							
	40.记宾讶往复之礼							
	41.记聘玉							
	42.记授宾次							
	43.三记宾介聘享之容							
	44.记庭实货币之宜							
	45.记裼袭之节							
	46.记公醴宾仪物							
	47.记觌后宾私献							
	48.记君不亲受之礼							
	49.记劳宾							
	50.记宾受饔而祭							
	51.记宾主行礼节次及禽献之等杀							
	52.记宾游觌							
	53.记致礼者之爵服							

续表

		通例上第一	通例下第二	饮食之例上第三	饮食之例中第四	饮食之例下第五	宾客之例第六	杂例第十三
	54. 记士介之等杀							
	55. 记宾问大夫大夫不辞							
	56. 记致饔与无饔							
	57. 记大夫馈宾上介之实与器记宾请归拜赐							
	58. 记燕聘宾之礼							
	59. 记特聘宜加礼							
	60. 记公馆宾拜四事之辞							
	61. 记宾谢馆主人							
	62. 记飧不飧之宜							
	63. 记受聘问之异							
	64. 记明致饔米禾之数							

[注释]

[1-1] 凡迎宾，主人敌者于大门外，主人尊者于大门内。

[1-2] 凡君与臣行礼皆不迎。

[1-3] 凡入门，宾入自左，主人入自右，皆主人先入。

[1-4] 凡以臣礼见者，则入门右。

[1-5] 凡入门，将右曲，揖；北面曲，揖；当碑，揖；谓之三揖。

[1-6] 凡升阶皆让，宾主敌者俱升，不敌者不俱升。

[1-7] 凡升阶皆连步，唯公所辞则栗阶。

[1-8] 凡门外之拜皆东西面，堂上之拜皆北面。

[1-9] 凡室中、房中拜以西面为敬，堂下拜以北面为敬。

[1-10] 凡臣与君行礼，皆堂下再拜稽首，异国之君亦如之。

[1-11] 凡君待以客礼，下拜则辞之，然后生成拜。

[1-12] 凡为人使者不答拜。

[1-13] 凡拜送之礼，送者拜，去者不答拜。

[1-14] 凡丈夫之拜坐，妇人之拜兴；丈夫之拜奠爵，妇人之拜执爵。

[1-17] 凡推手曰揖，引手曰厌。

[1-18] 凡送宾，主人敌者于大门外，主人尊者于大门内。

[1-19] 凡君与臣行礼皆不送。

[2-1] 凡授受之礼，同面者谓之并授受。

[2-2] 凡授受之礼，揔向者谓之讶授受。

[2-3] 凡授受之礼，敌者于楹间，不敌者不于楹间。

[2-4] 凡相礼者之授受皆讶授受。

[2-5] 凡卑者于尊者，皆奠而不授；若尊者辞，乃授。

[2-6] 凡佐礼者，在主人曰摈，在客曰介。

[2-7] 凡宾、主人礼，盛者专阶，不盛者不专阶。

[2-9] 凡宾升席自西方，主人升席自北方。

[2-13] 凡一辞而许曰礼辞，再辞而许曰固辞，三辞不许曰终辞。

[2-14] 凡庭洗设于阼阶东南，南北以堂深，天子诸侯当东霤，卿大夫士当东荣，水在洗东。

[2-17] 凡醴尊皆设于房中，侧尊，无玄酒。

[2-19] 凡堂下之篚，在洗西，南肆。

[2-20] 凡陈鼎，大夫士，门外北面，北上；诸侯，门外南面，西上。反吉，则西面。

[2-21] 凡设席，南向北向，于神则西上，于人则东上；东向西向，于神则南上，于人则北上。

[3-1] 凡主人进宾之酒谓之献。

[3-2] 凡宾报主人之酒谓之酢。

[3-3] 凡主人先饮以劝宾之酒谓之酬。

[3-6] 凡献酒皆有荐，礼盛者则设俎。

[3-7] 凡荐脯醢在升席先，设俎在升席后。

[3-8] 凡献酒，礼盛者受爵于席前，拜与卒爵于阶上。

[3-9] 凡献酒，礼盛者则啐酒，告旨。

[3-10] 凡啐酒于席末，告旨则降席拜。

[3-11] 凡献酒，礼盛者受爵告旨，卒爵皆拜，酢主人；礼杀者不拜告旨；又杀者不酢主人。

[3-12] 凡酢如献礼，崇酒，不告旨；礼杀者，则以虚爵授之。

[3-13] 凡宾告旨在卒爵前，于席西拜；主人崇酒在卒爵后，于阶上拜。

[3-14] 凡礼盛者坐卒爵，礼杀者立卒爵。

[3-15] 凡酬酒，先自饮，复酌，奠而不授，举觯、媵爵亦如之。

[3-16] 凡酬酒奠而不举，礼杀者则用为旅酬、无算爵始。

[3-17] 凡酬酒不拜洗。

[3-18] 凡献工与笙于阶上，献获者与释获者于堂下，献祝与佐食于室中。

[4-10] 凡奠爵，将举者于右，不举者于左。

[4-13] 凡设馔以豆为本。

[4-18] 凡食礼有豆无笾，饮酒之礼豆笾皆有。

[4-19] 凡食宾以币曰侑币，饮宾之币曰酬币。

[5-1] 凡醴皆设柶，用笾豆。

[5-2] 凡醴皆用觯，不卒爵。

[5-3] 凡祭醴，始扱一祭，又扱再祭，谓之祭醴三。

[5-5] 凡执爵皆左手，祭荐皆右手。

[5-6] 凡祭荐者坐，祭俎者兴；祭荐者执爵，祭俎者奠爵。

[5-7] 凡祭荐不扰手，祭俎则扰手。

[5-8] 凡祭酒，礼盛者啐酒，不盛者不啐酒，祭肺；礼盛者祭肺，不盛者不祭肺。

[5-9] 凡祭皆于笾豆之间，或上豆之间。

[5-13] 凡牲皆用右胖，唯变礼反吉用左胖。

[5-16] 凡肺皆有二，一举肺，一祭肺。

[5-17] 凡牲，杀曰饔，生曰饩；饔之属皆陈于堂上下，饩之属皆陈于门内外。

[6-1] 凡宾至，则使人郊劳。

[6-2] 凡郊劳，毕，皆致馆。

[6-3] 凡宾至庙门，皆设几筵。

[6-4] 凡宾、主人相见，皆行受挚之礼。

[6-5] 凡宾、主人受挚毕，礼盛者则行享礼。

[6-6] 凡宾、主人行礼毕，主人待宾，用醴则谓之礼，不用醴则谓之傧。

[6-7] 凡为人使者，正礼毕，则行私觌或私面之礼。

[6-8] 凡宾、主人礼毕，皆还其挚。

[6-9] 凡庭实之皮，皆摄之，内文。入摄于庭，宾致命于堂，则张皮于庭。主人受币，则受皮者受之。

[6-10] 凡庭实之马，右牵之入设于庭，宾授币于堂则受马者受马于庭，主人授其属币则马出。

[6-11] 凡聘、觐礼毕，主人皆亲劳宾。

[6-12] 凡礼毕劳宾后，则使人致礼于宾。

[6-15] 凡天子于诸侯则传摈，诸侯于聘宾则旅摈。

[6-16] 凡相大礼皆上宾之事。

[6-17] 凡诸侯使人于诸侯谓之聘，使人于大夫谓之问，小聘亦谓之问。

[6-18] 凡聘、问、觐皆于朝，会同于坛，士相见于寝。

[13-10] 凡燕礼命宾、聘礼命使者皆在燕朝；聘礼授币及反命，皆于治朝；聘宾初至及将聘，皆于外朝。

[13-11] 凡昏礼妇祭菜、聘礼宾介将行，及使者还有事于祢庙，略如祭礼。

聘礼所涉方位图一览表[1]

		杨复《仪礼图》	张惠言《仪礼图》	黄以周《礼书通故》	吴之英《寿栎庐仪礼奭固礼事图》	姜兆锡《仪礼经传外编》	盛世佐《仪礼集编》	江永《乡党图考》	俞樾《群经平议》
一、行前准备	1. 命使								
	2. 书币	授使者书币图126	夕币1688	夕币2159	夕币281				
	3. 将行释币告称舆行		释币祢1689		宾释币祢庙281				
	4. 受命遂行	使者受命图129	受命1689	受命2160	使者受命282				
二、入使主国	5. 过邦假道				假道暂宽282				
	6. 豫习威仪				未入竟肄283				
	7. 至竟迎人								
	8. 入竟展币				乃展283				
	9. 郊劳		受劳1690 傧劳者1690	受劳2161 傧劳者2162	君使卿劳284 夫人使下大夫劳284				
	10. 致馆设飧	致馆并设飧图133	致馆设飧1691	致飧2163 设飧2164	卒夫设飧285 上介飧285 众介皆少牢286				

[1] 由于子附表内容较为琐碎，故将其所涉礼图出处以数字的形式于表格中标示出来。如姜兆锡《仪礼经传外编》一列"归宾赉气图660"，指的是本图详见《续修四库全书》，上海古籍出版社2001年，第87册，第660页。盛世佐《仪礼集编》一列"归宾赉气图625"，指的是本图详见《四库全书》，上海古籍出版社2002年，第110册，第625页。江永《乡党图考》一列"大门外授介传图2013"，指的是本图详见阮元、王先谦编纂之《皇清经解续编》，凤凰出版社2005年，第2册，第2013页。俞樾《群经平议》一列"堂上两夹陈牖图6897"，指的是本图详见阮元、王先谦编纂之《皇清经解续编》，凤凰出版社2005年，第13册，第6897页。以下所涉方位图一览表与此相同，不再复述。

续表

		杨复《仪礼图》	张惠言《仪礼图》	黄以周《礼书通故》	吴之英《寿栎庐仪礼奭固礼事图》	姜兆锡《仪礼经传外编》	盛世佐《仪礼集编》	江永《乡党图考》	俞樾《群经平议》
三、正式聘问	11. 聘享	摈出迎宾图134 揖宾入及庙门图135 受玉图136 受享币图137	迎宾1691 聘1692 享1692	迎宾2165 聘2166 享2167	聘286 享287			大门外揖介传命图2013 公门图2013 庙中行聘礼、享礼图2013 庙中上摈相礼图2013	
	12. 主君醴宾	礼宾图139	礼宾1693	礼宾2168	公礼宾287				
	13. 私觌	宾私觌图140	宾以臣礼觌1693 宾觌1694 介以臣礼人觌1694 辞介礼1695 上介觌1695 士介觌1696 答士介拜1696	宾以臣礼觌2169 宾觌2170 介以臣礼人觌2171 上介觌2172	宾觌288 上介士介请觌288			庙中行私觌图2014	
	14. 宾礼毕,出,公送宾	同君、同大夫,劳宾介图142	公出送宾1697 送宾大门内1697						
	15. 宾请有事,卿先往劳之								
	16. 归饔饩于宾介	归宾饔饩图145	致饔饩1698 侯大夫1698 饩士介1699	致饔饩2173 侯大夫2174 饩士介2175	馈宾饔饩289 大夫致饔饩命宾侯致币289 归宾饔饩290 归士介饔饩290	归宾饔饩660	归宾饔饩图625		堂上两夹陈馔图6897

聘 礼

	杨复《仪礼图》	张惠言《仪礼图》	黄以周《礼书通故》	吴之英《寿栎庐仪礼奭固礼事图》	姜兆锡《仪礼经传外编》	盛世佐《仪礼集编》	江永《乡党图考》	俞樾《群经平议》
17. 宾问卿、面卿	宾问卿、面卿图147	宾问卿1699 宾面卿1700		宾问卿291 宾面卿291				
18. 介面卿		上介面卿1700 众介面卿1701		上介特面卿292 众介面卿292				
19. 问下大夫				下大夫崇使至币及393				
20. 大夫代受币								
21. 夫人归礼宾介		夫人归礼陈位1701		夫人归礼于宾393 夫人归礼上介394				
22. 大夫傧宾介		大夫傧宾陈位1702		大夫傧宾294 大夫傧宾众介295				
23. 主国君臣飨食宾介								
24. 还玉及赒礼	还玉图150	还玉1702	还玉2176	还玉295				
25. 公馆宾，宾请命				公馆，宾296				
26. 宾行，主国赠送								
四、聘毕归国								
27. 使者反命		反命1703	反命2177	返命296				
28. 使还礼门奠祢				献祢297				

续表

		杨复《仪礼图》	张惠言《仪礼图》	黄以周《礼书通故》	吴之英《寿栎庐仪礼奭固礼事图》	姜兆锡《仪礼经传外编》	盛世佐《仪礼集编》	江永《乡党图考》	俞樾《群经平议》
五、若干变例	29. 遭所聘国国君丧,及夫人、世子丧								
	30. 出聘后本国君薨								
	31. 聘使有私丧								
	32. 出聘宾介死								
	33. 小聘								
记文	34. 记有故卒聘致书之事				聘君薨归复命 297				
	35. 使者受命将行之礼								
	36. 朝聘玉币								
	37. 修辞之节因及辞对之言								
	38. 记宾馆井管人所供								
	39. 记设飧								
	40. 记宾讶住复之礼								
	41. 记聘玉								
	42. 记授宾饮								

聘 礼 139

续表

	杨复《仪礼图》	张惠言《仪礼图》	黄以周《礼书通故》	吴之英《寿栎庐仪礼奭固礼事图》	姜兆锡《仪礼经传外编》	盛世佐《仪礼集编》	江永《乡党图考》	俞樾《群经平议》
43. 记宾介聘享之答								
44. 记庭实货贿之宜								
45. 记糊卷之节								
46. 记公膳宾仪物								
47. 记亲后宾私献				宾私献 298				
48. 记君不亲受之礼								
49. 记劳宾								
50. 记宾受饔而祭				荐饔 299				
51. 记宾主行礼节次及禽献之等条				使大夫受，夫人 298				
52. 记宾游观								
53. 记致礼者之爵服								
54. 记士介之等条								

续表

	杨复《仪礼图》	张惠言《仪礼图》	黄以周《礼书通故》	吴之英《寿栎庐仪礼奭固礼事图》	姜兆锡《仪礼经传外编》	盛世佐《仪礼集编》	江永《乡党图考》	俞樾《群经平议》
55.记宾问大夫、大夫不辞								
56.记致饔与无饔								
57.记大夫傧宾上介之实与器记宾诸归拜赐								
58.记燕聘宾之礼								
59.记特聘宜加礼								
60.记公馆宾拜四事之辞								
61.记宾谢傧主人								
62.记飨不飧之宜								
63.记受聘问之异								
64.记明致饔米禾之数								

觐 礼

觐礼方位图

《正义》曰:"使者闻王命即出迎,无出请入告礼辞之节。与聘礼异者,不敢自同客礼也。再拜,拜使者也。或以为拜天子之命,斯时命尚未宣也。且拜天子之命,亦不得仅云再拜矣。觐时服冕,劳服皮弁者,劳礼轻于正礼也。侯氏亦皮弁者,宾主服宜同也。"

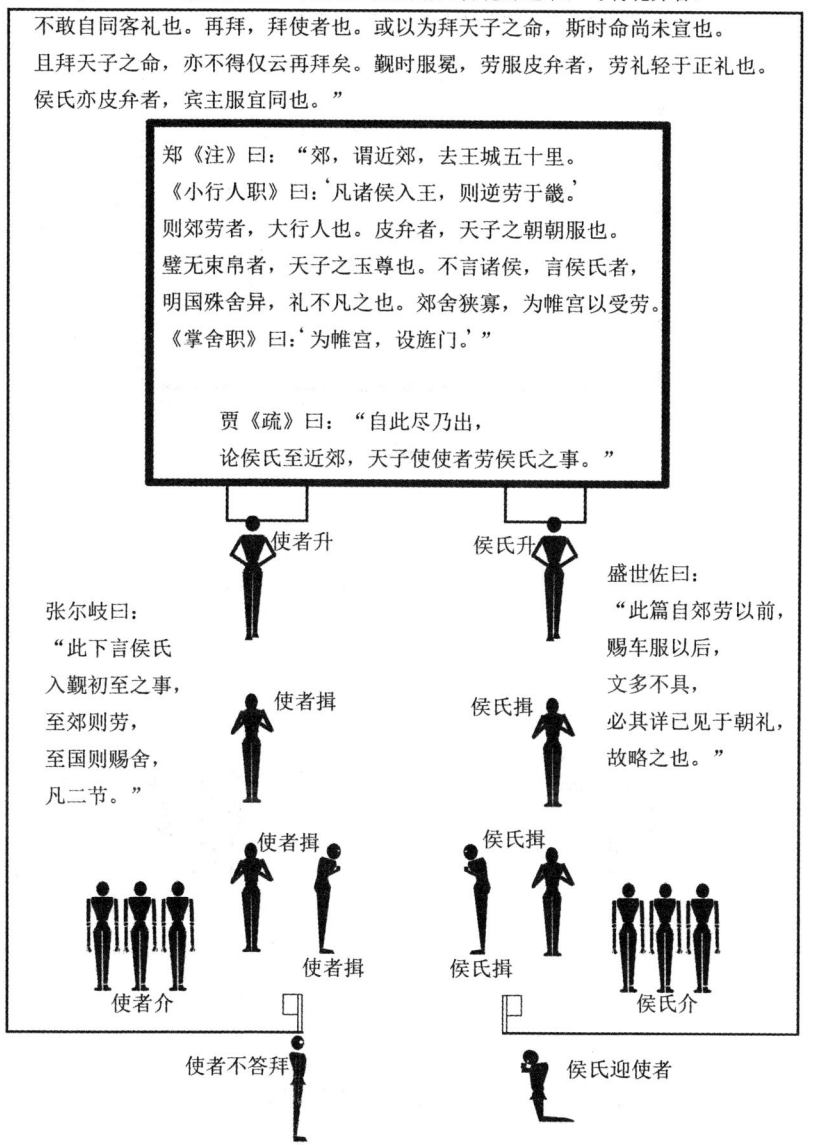

10-1-1 王使人郊劳图一

郑《注》曰："不答拜者，为人使不当其礼也。不让先升，奉王命尊也。升者，升坛。使者东面致命，侯氏东阶上西面听之。"

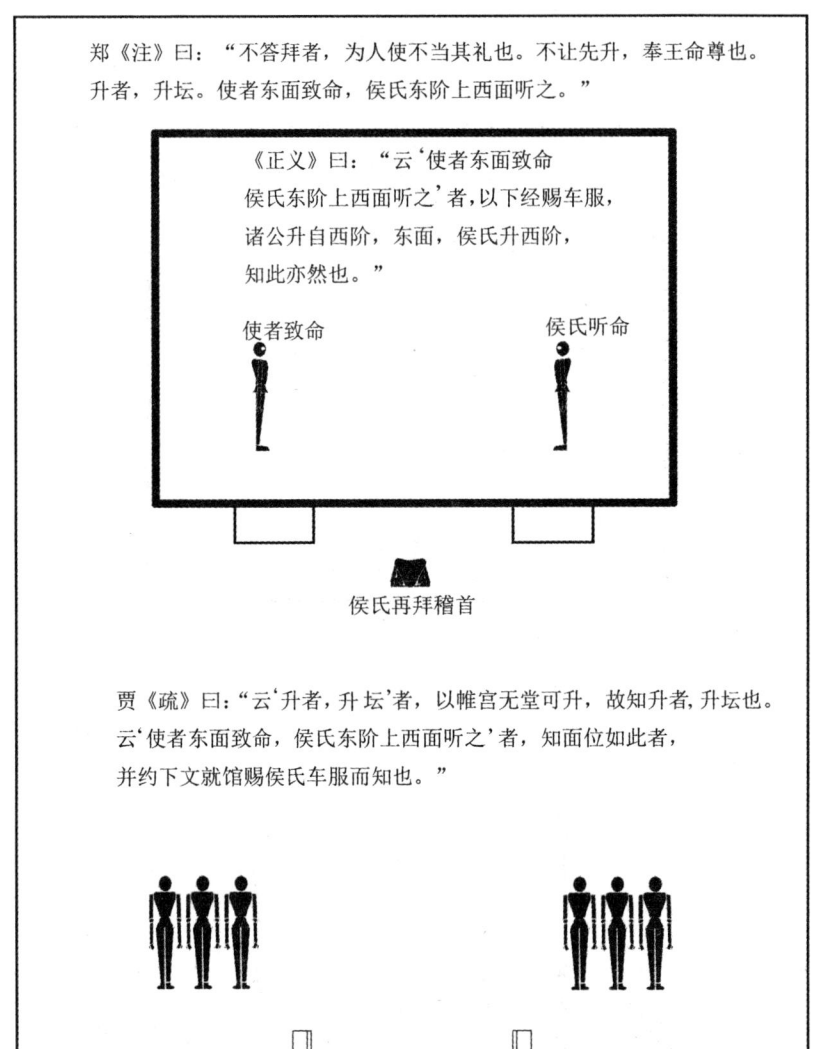

贾《疏》曰："云'升者，升坛'者，以帷宫无堂可升，故知升者，升坛也。云'使者东面致命，侯氏东阶上西面听之'者，知面位如此者，并约下文就馆赐侯氏车服而知也。"

张惠言《仪礼图》云："经言遂升受玉，则不升成拜也，下还玉亦同。"

10-1-2　王使人郊劳图二

郑《注》曰："左还，还南面，示将去也。立者，见侯氏将有事于己，俟之也。还玉，重礼。"

蔡德晋曰："前降拜，受玉也。后降拜，送玉也。或曰前降拜，拜王命也。后降拜，拜王劳己也。使者乃出，劳礼毕也。"

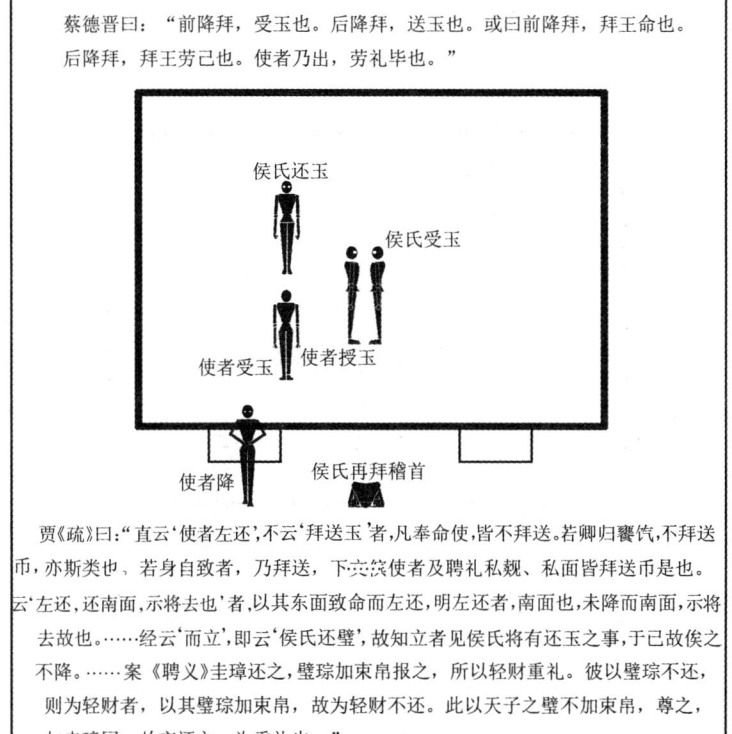

贾《疏》曰："直云'使者左还'，不云'拜送玉'者，凡奉命使，皆不拜送。若卿归饔饩，不拜送币，亦斯类也。若身自致者，乃拜送，下宾饯使者及聘礼私觌、私面皆拜送币是也。云'左还，还南面，示将去也'者，以其东面致命而左还，明左还者，南面也，未降而南面，示将去故也。……经云'而立'，即云'侯氏还璧'，故知立者见侯氏将有还玉之事，于己故俟之不降。……案《聘义》圭璋还之，璧琮加束帛报之，所以轻财重礼。彼以璧琮不还，则为轻财也，以其璧琮加束帛，故为轻财不还。此以天子之璧不加束帛，尊之，与圭璋同，故亦还之，为重礼也。"

10-1-3　王使人郊劳图三

郑《注》曰:"侯氏先升,宾礼统焉。几者,安宾,所以崇优厚也。上介出止使者,则已布席也。"

杨复《仪礼图》云:"设几则必有席,盖几席相将,无席何以设几?故知上介出止使者时已布席也。"

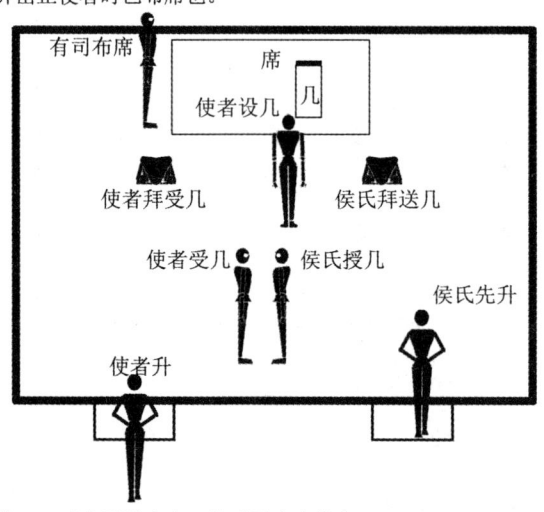

敖继公曰:"有司既布席,侯氏乃出止使者。
止,止其去也,且迎而欲俟之,使者亦礼辞许。侯氏揖先入,使者乃入也。
既不言三揖者,如上礼可知。让升,侯氏与使者三让而先升。
使事即毕,则行宾主礼也。俟而用几,尊王使也。
受几、设几之仪,见于《昏礼》《聘礼》及《少牢》下篇,此经文略也。"

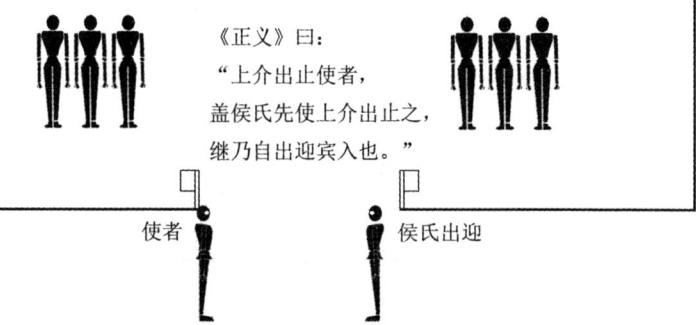

《正义》曰:
"上介出止使者,
盖侯氏先使上介出止之,
继乃自出迎宾入也。"

10-1-4　王使人郊劳图四

郑《注》曰："傧使者，所以致尊敬也。拜者各于其阶。"

王士让云："《聘礼》傧劳者以束锦，不以束帛，以乘皮，不以乘马，锦文而帛质，皮轻而马重，觐崇于聘也。"

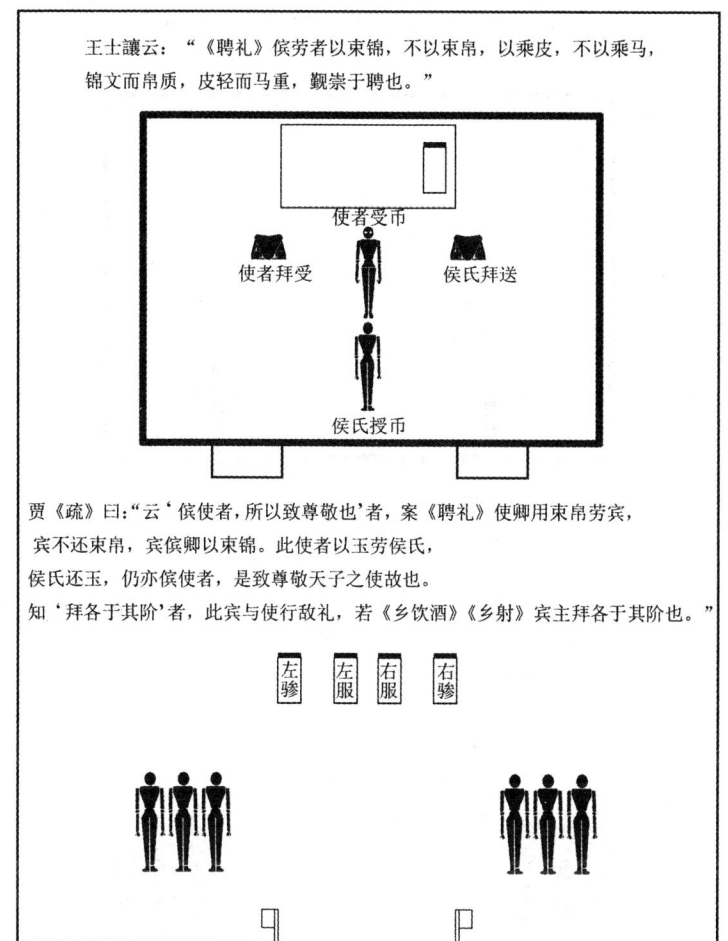

贾《疏》曰："云'傧使者，所以致尊敬也'者，案《聘礼》使卿用束帛劳宾，宾不还束帛，宾傧卿以束锦。此使者以玉劳侯氏，侯氏还玉，仍亦傧使者，是致尊敬天子之使故也。知'拜各于其阶'者，此宾与使行敌礼，若《乡饮酒》《乡射》宾主拜各于其阶也。"

《正义》曰："使者拜受，侯氏拜送，皆再拜，同为王臣，敌也。《注》云'傧使者，所以致尊敬也'者，案侯主人待宾之礼，此及下赐舍赐车服皆有傧者，所以致尊敬之意。云'拜者各以其阶'者，谓侯氏与使者行敌礼。若《乡饮》《乡射》宾于西阶上拜，主人于阼阶上拜也。"

10-1-5　王使人郊劳图五

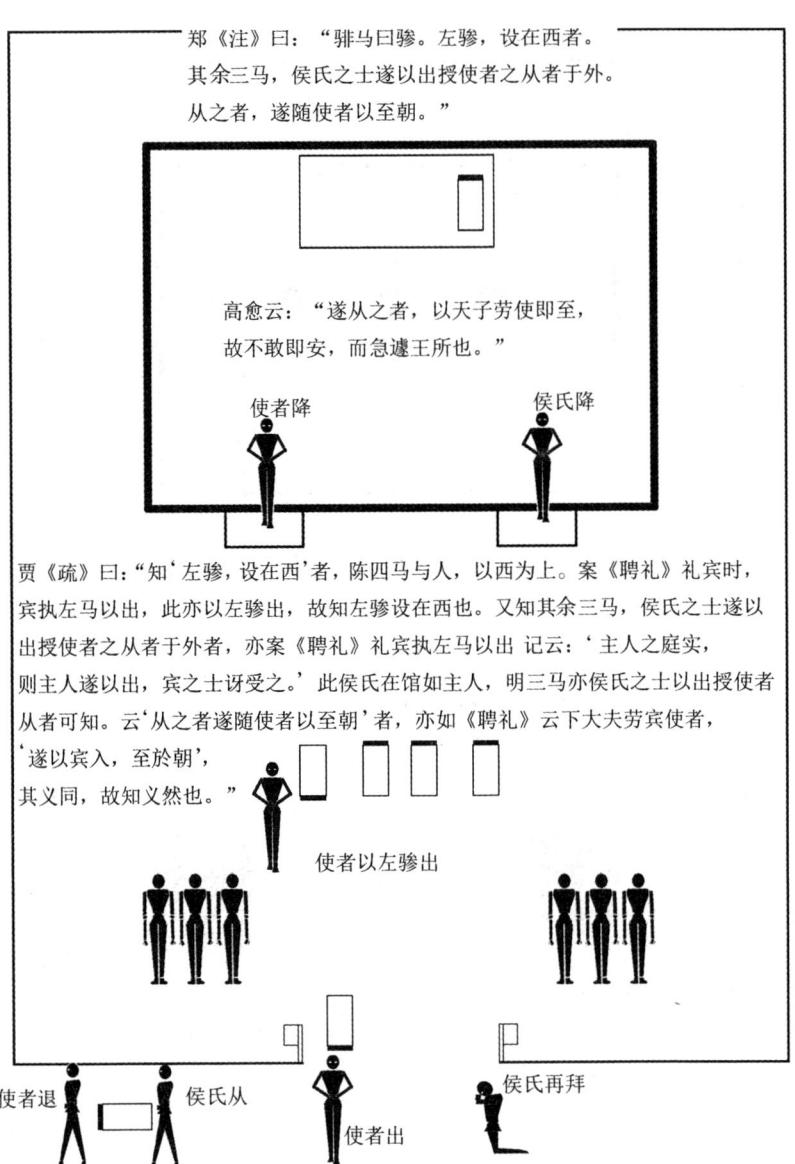

郑《注》曰："骓马曰骖。左骖，设在西者。其余三马，侯氏之士遂以出授使者之从者于外。从之者，遂随使者以至朝。"

高愈云："遂从之者，以天子劳使即至，故不敢即安，而急遽王所也。"

贾《疏》曰："知'左骖，设在西'者，陈四马与人，以西为上。案《聘礼》礼宾时，宾执左马以出，此亦以左骖出，故知左骖设在西也。又知其余三马，侯氏之士遂以出授使者之从者于外者，亦案《聘礼》礼宾执左马以出 记云：'主人之庭实，则主人遂以出，宾之士讶受之。'此侯氏在馆如主人，明三马亦侯氏之士以出授使者从者可知。云'从之者遂随使者以至朝'者，亦如《聘礼》云下大夫劳宾使者，'遂以宾入，至於朝'，其义同，故知义然也。"

10-1-6　王使人郊劳图六

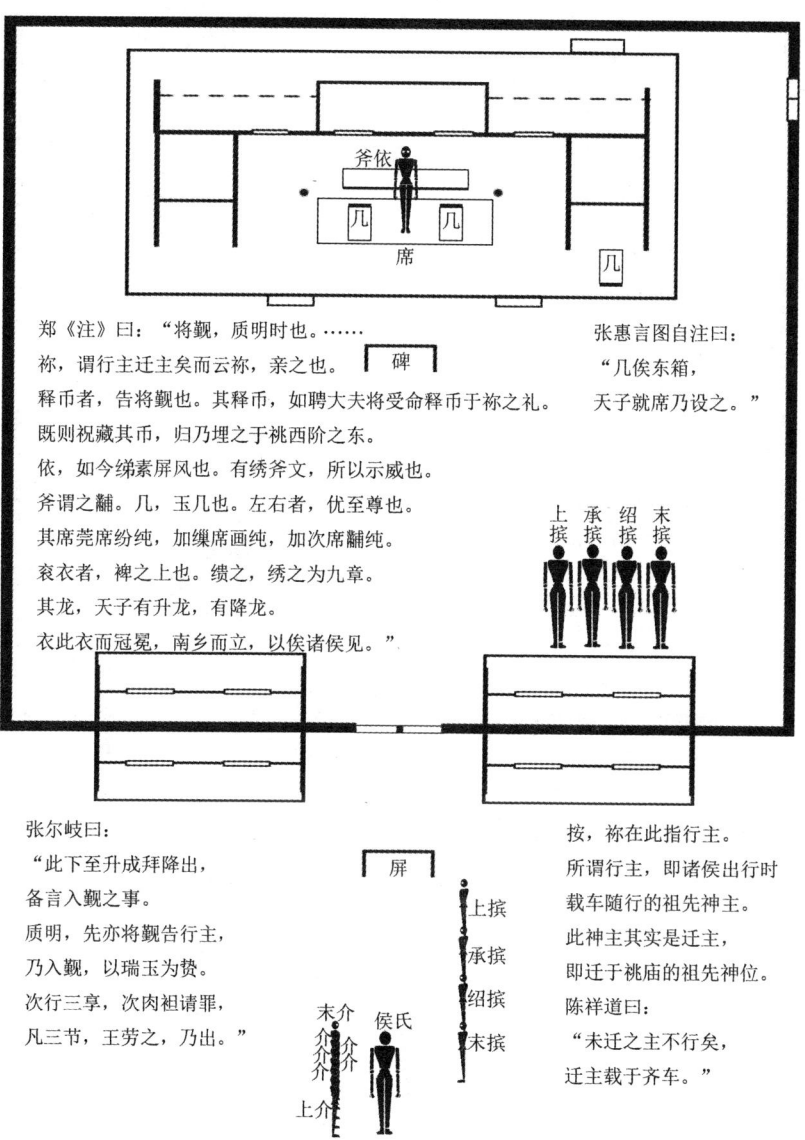

郑《注》曰："将觐，质明时也。……祢，谓行主迁主矣而云祢，亲之也。释币者，告将觐也。其释币，如聘大夫将受命释币于祢之礼。既则祝藏其币，归乃埋之于桃西阶之东。依，如今绨素屏风也。有绣斧文，所以示威也。斧谓之黼。几，玉几也。左右者，优至尊也。其席莞席纷纯，加缫席画纯，加次席黼纯。衮衣者，裨之上也。缫之，绣之为九章。其龙，天子有升龙，有降龙。衣此衣而冠冕，南乡而立，以俟诸侯见。"

张惠言图自注曰："几侯东箱，天子就席乃设之。"

张尔岐曰："此下至升成拜降出，备言入觐之事。质明，先亦将觐告行主，乃入觐，以瑞玉为贽。次行三享，次肉袒请罪，凡三节，王劳之，乃出。"

按，祢在此指行主。所谓行主，即诸侯出行时载车随行的祖先神主。此神主其实是迁主，即迁于桃庙的祖先神位。陈祥道曰："未迁之主不行矣，迁主载于齐车。"

10-5-1 侯氏执瑞玉行觐礼图一

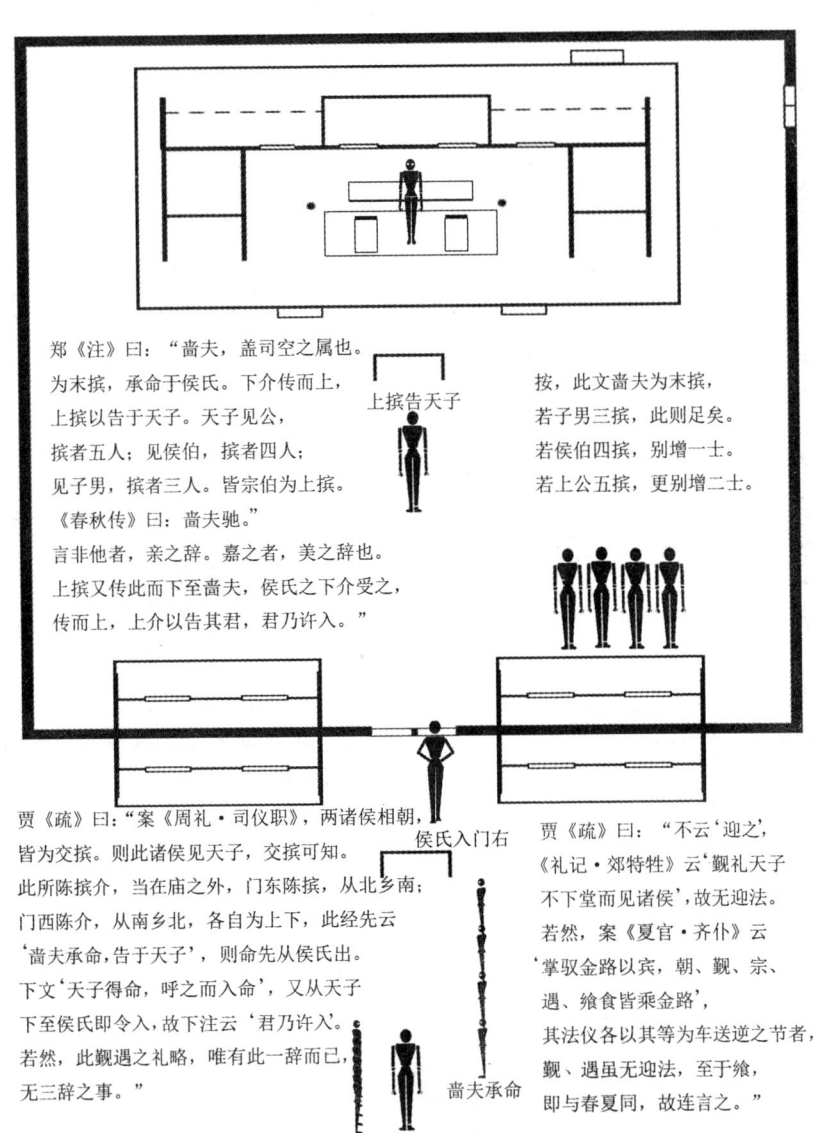

郑《注》曰:"啬夫,盖司空之属也。为末摈,承命于侯氏。下介传而上,上摈以告于天子。天子见公,摈者五人;见侯伯,摈者四人;见子男,摈者三人。皆宗伯为上摈。《春秋传》曰:啬夫驰。言非他者,亲之辞。嘉之者,美之辞也。上摈又传此而下至啬夫,侯氏之下介受之,传而上,上介以告其君,君乃许入。"

按,此文啬夫为末摈,若子男三摈,此则足矣。若侯伯四摈,别增一士。若上公五摈,更别增二士。

贾《疏》曰:"案《周礼·司仪职》,两诸侯相朝,皆为交摈。则此诸侯见天子,交摈可知。此所陈摈介,当在庙之外,门东陈摈,从北乡南;门西陈介,从南乡北,各自为上下,此经先云'啬夫承命,告于天子',则命先从侯氏出。下文'天子得命,呼之而入命',又从天子下至侯氏即令入,故下注云'君乃许入'。若然,此觐遇之礼略,唯有此一辞而已,无三辞之事。"

贾《疏》曰:"不云'迎之',《礼记·郊特牲》云'觐礼天子不下堂而见诸侯',故无迎法。若然,案《夏官·齐仆》云'掌驭金路以宾,朝、觐、宗、遇、飨食皆乘金路',其法仪各以其等为车送逆之节者,觐、遇虽无迎法,至于飨,即与春夏同,故连言之。"

10-5-2　侯氏执瑞玉行觐礼图二

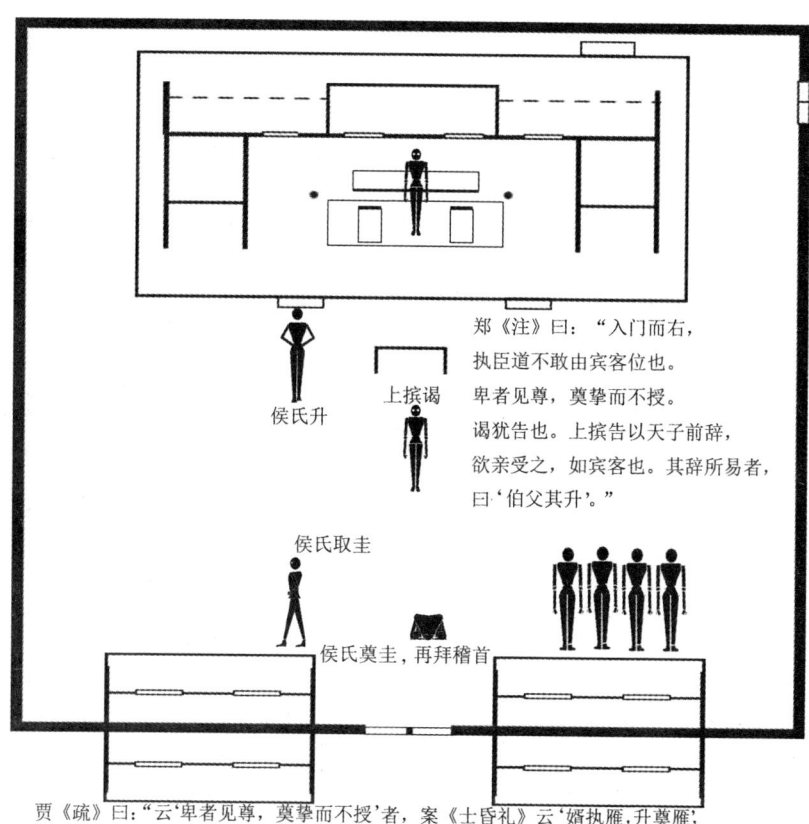

贾《疏》曰:"云'卑者见尊,奠挚而不授'者,案《士昏礼》云'婿执雁,升奠雁';
又云'若不亲迎,则妇入三月然后婿见',主人出门,'妇入门,'奠挚再拜出.'
郑《注》云:'奠挚者,婿有子道,不敢授也.'
又《士相见》,凡臣见于君,奠挚再拜,与此奠圭皆是卑者不敢授而奠之。
云'其辞所易者,曰伯父其升'者,此又不见谒告之辞。郑注云:'上摈告以天子前辞'者,
谓摈者谒以上辞云:'天子曰:非他,伯父实来,予一人嘉之,伯父其入,予一人将受之.'
是摈者于门外传王辞,告之使入。 此摈者谒告,还用彼辞,所改易者,
唯改入字为升,故云伯父其升也。 以其唤使升堂,亲受之也。"

10-5-3 侯氏执瑞玉行觐礼图三

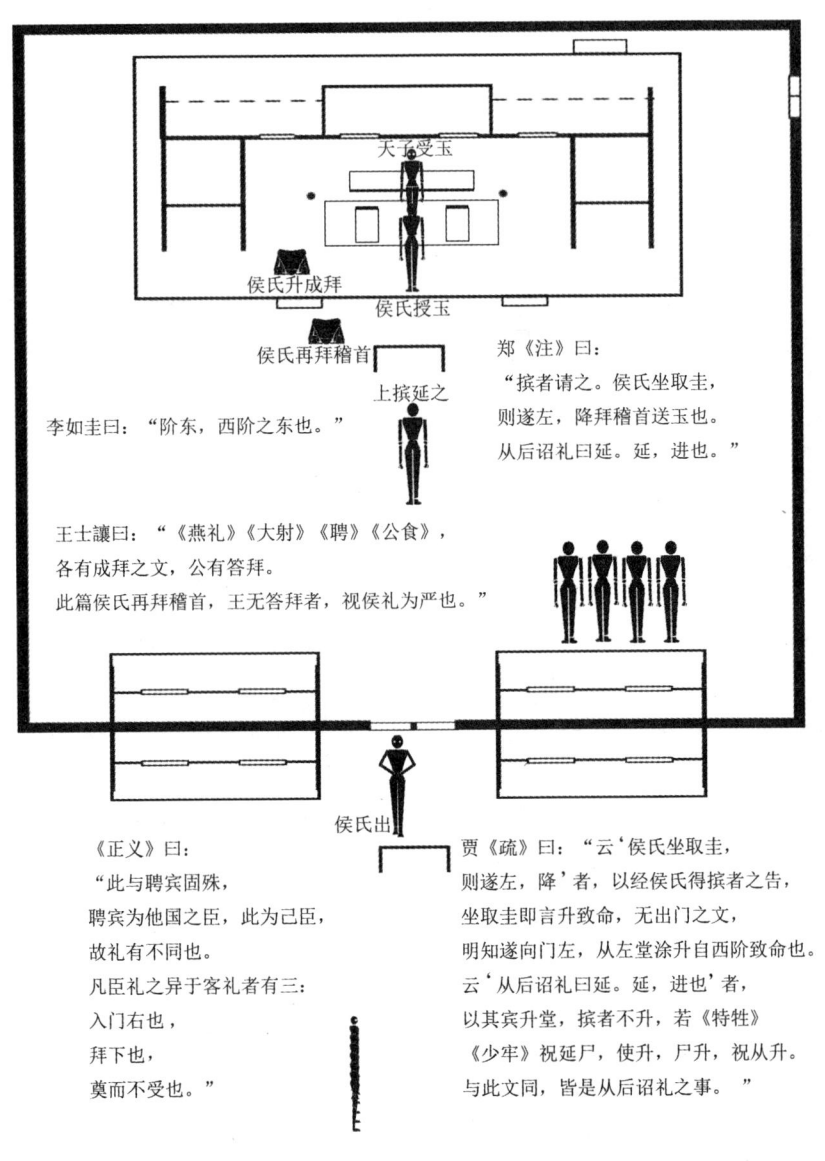

10-5-4 侯氏执瑞玉行觐礼图四

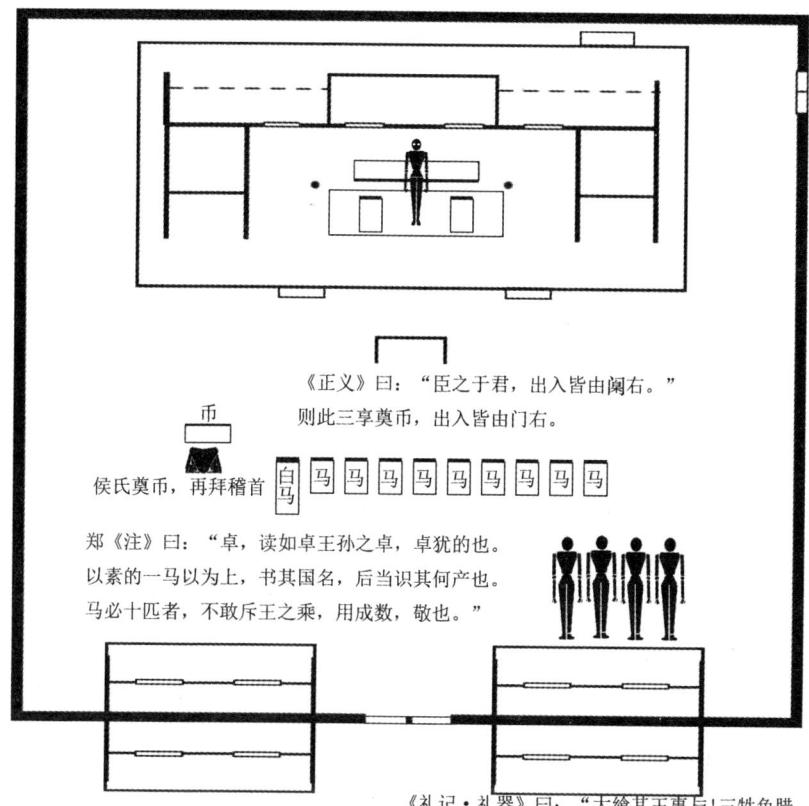

《正义》曰:"臣之于君,出入皆由阈右。"则此三享奠币,出入皆由门右。

侯氏奠币,再拜稽首

郑《注》曰:"卓,读如卓王孙之卓,卓犹的也。以素的一马以为上,书其国名,后当识其何产也。马必十匹者,不敢斥王之乘,用成数,敬也。"

郑《注》曰:"(四享)四当为三。古书作三四或皆积画,此篇又多四字,字相似,由此误也。《大行人职》曰诸侯'庙中将币,皆三享',其礼差又无取于四也。初享或用马,或用虎豹之皮。其次享,三牲鱼腊,笾豆之实,龟也,金也,丹漆丝纩竹箭,其余无常货。此地物非一国所能有,唯所有分为三享,皆以璧帛致之。"

《礼记·礼器》曰:"大飨其王事与!三牲鱼腊,四海九州岛之美味也;笾豆之荐,四时之和气也。内金,示和也。束帛加璧,尊德也。龟为前列,先知也。金次之,见情也。丹漆丝纩竹箭,与众共财也。其余无常货,各以其国之所有,则致远物也。其出也,肆夏而送之,盖重礼也。祀帝于郊,敬之至也。宗庙之祭,仁之至也。丧礼,忠之至也。备服器,仁之至也。宾客之用币,义之至也。故君子欲观仁义之道,礼其本也。"

10-6-1 觐已即行三享图一

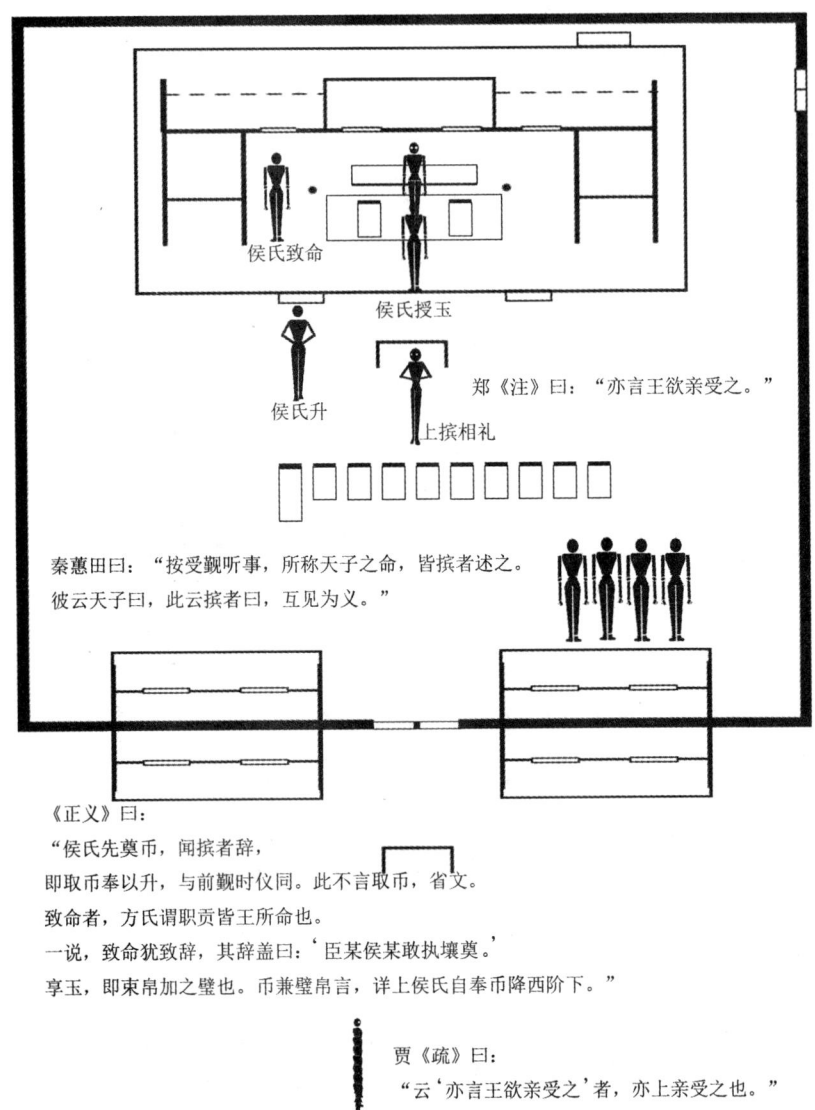

10-6-2　覲已即行三享圖二

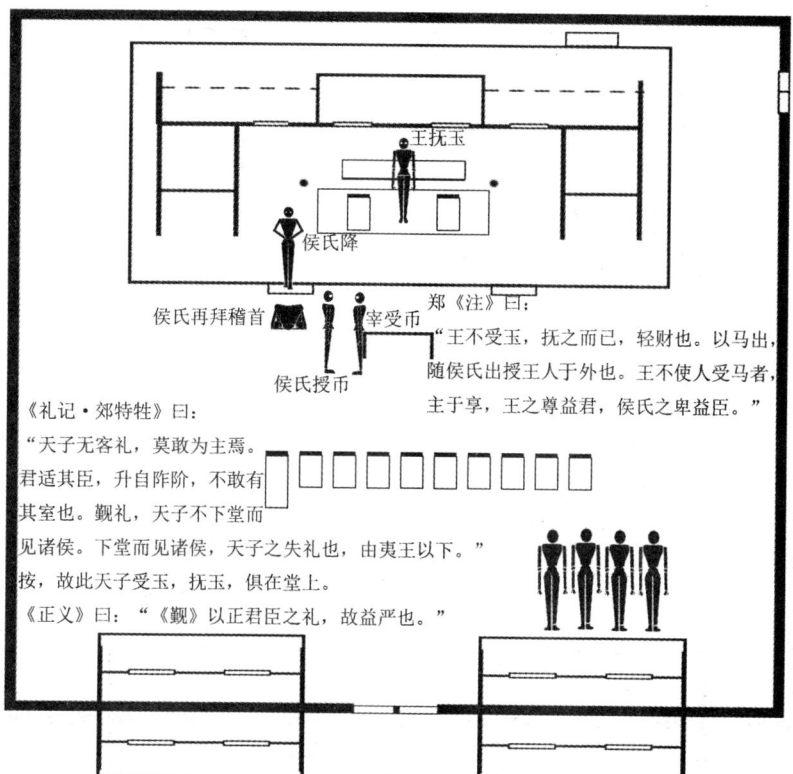

《礼记·郊特牲》曰：
"天子无客礼，莫敢为主焉。
君适其臣，升自阼阶，不敢有
其室也。觐礼，天子不下堂而
见诸侯。下堂而见诸侯，天子之失礼也，由夷王以下。"
按，故此天子受玉，抚玉，俱在堂上。
《正义》曰："《觐》以正君臣之礼，故益严也。"

郑《注》曰：
"王不受玉，抚之而已，轻财也。以马出，随侯氏出授王人于外也。王不使人受马者，主于享，王之尊益君，侯氏之卑益臣。"

贾《疏》曰："王既抚玉，不受币，币即束帛加璧，并玉言币。案《聘义》，圭璋还之为重礼，璧琮不还为轻财。是以圭璋亲受，璧琮初即不受，为轻财故也。云'王之尊益君，侯氏之卑益臣'者，春夏受贽于朝，虽无迎法，王犹在朝。至受享又迎之，而称宾主，至觐礼受享，皆无迎法，不下堂而见诸侯，已是王尊为君礼，臣卑为臣礼。王犹亲受其玉，今至于三享，贡国所有，行供奉之节，故使自执其马，王不使人受之于庭者，是王之尊益君，侯氏之卑益臣故也。《聘礼》享用皮，及宾私觌，马皆使人受之者，见他国之君不臣人之臣，故与此异出。若然，《聘礼》享君，尚有币问卿大夫；此诸侯觐天子，享天子讫，亦当有币问公卿大夫，是以隐七年《左氏传》云：'初，戎朝于周，发币于公卿而凡伯不宾。'服注云：'戎以朝礼，及公卿大夫发陈其币。'凡伯以诸侯为王，卿士不修宾主之礼，敬报于戎。是以冬天王使凡伯来聘，还戎，伐之于楚丘以归，是诸侯朝天子，亦有聘及公卿大夫之事也。"

10-6-3　觐已即行三享图三

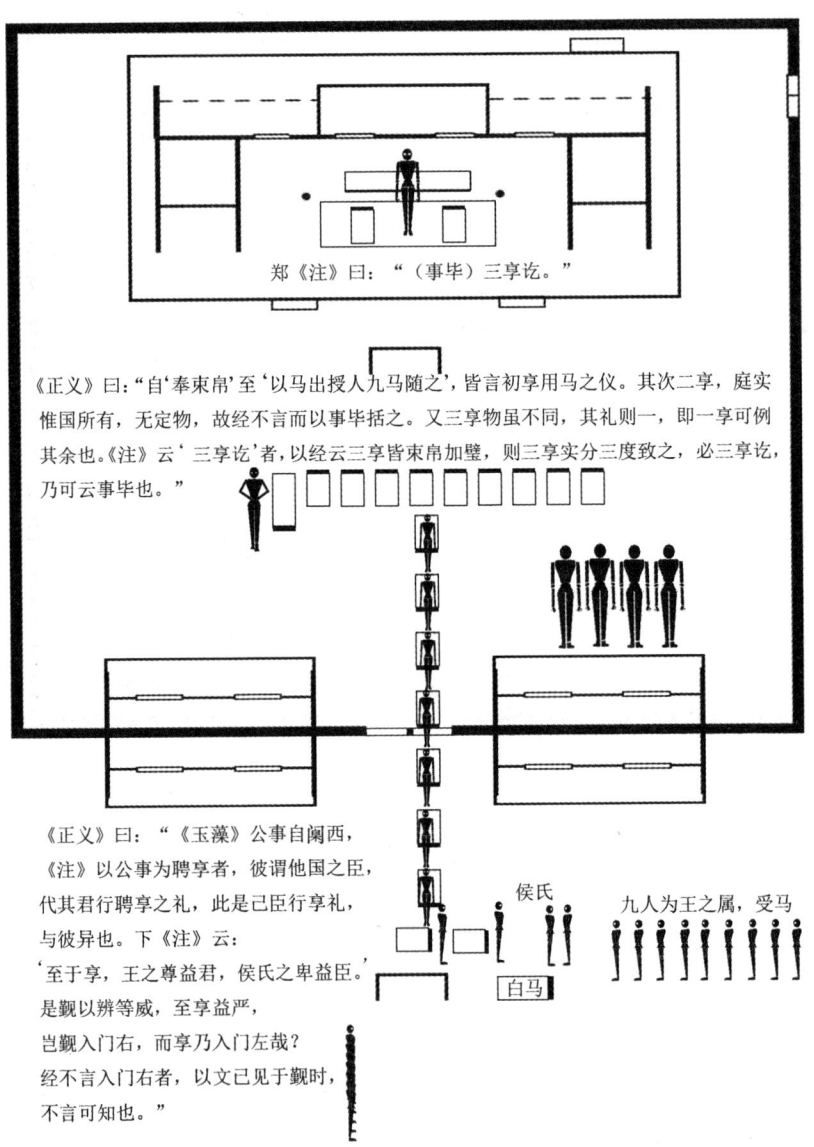

《正义》曰:"自'奉束帛'至'以马出授人九马随之',皆言初享用马之仪。其次二享,庭实惟国所有,无定物,故经不言而以事毕括之。又三享物虽不同,其礼则一,即一享可例其余也。《注》云'三享讫'者,以经云三享皆束帛加璧,则三享实分三度致之,必三享讫,乃可云事毕也。"

《正义》曰:"《玉藻》公事自阃西,《注》以公事为聘享者,彼谓他国之臣,代其君行聘享之礼,此是己臣行享礼,与彼异也。下《注》云:
'至于享,王之尊益君,侯氏之卑益臣。'
是觐以辨等威,至享益严,岂觐入门右,而享乃入门左哉?
经不言入门右者,以文已见于觐时,不言可知也。"

郑《注》曰:"(事毕)三享讫。"

侯氏

白马

九人为王之属,受马

10-6-4　觐已即行三享图四

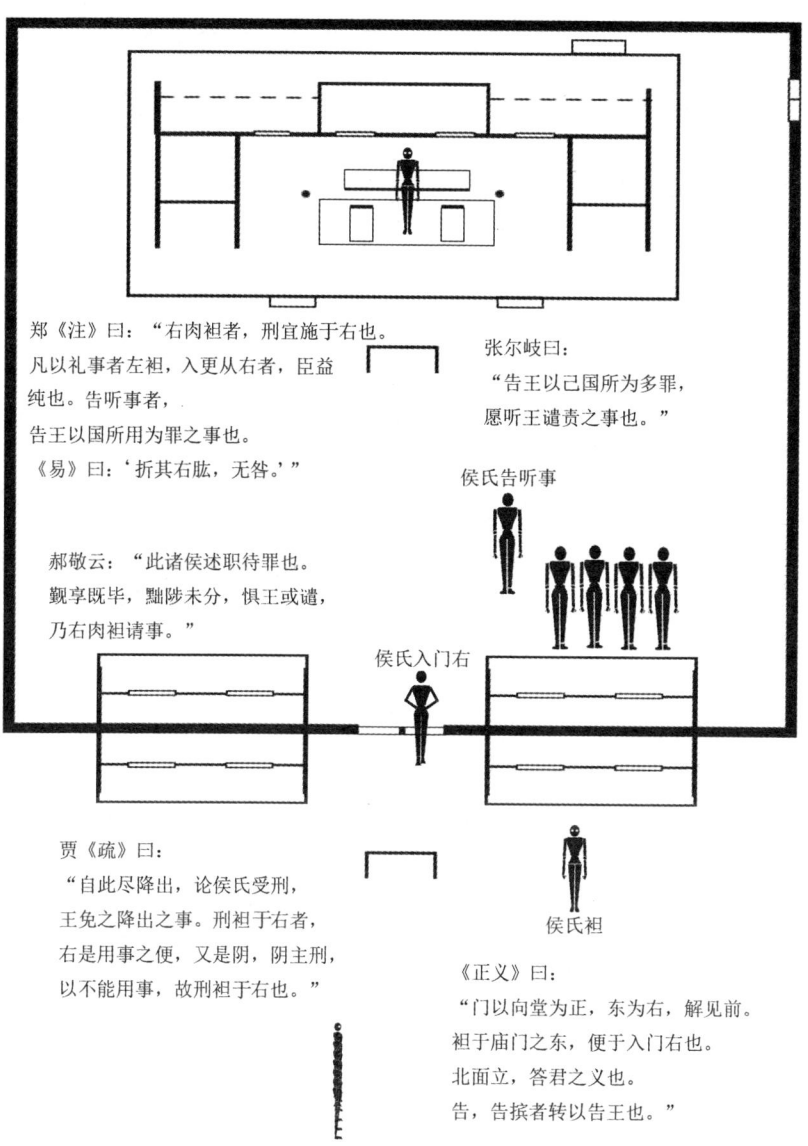

10-7-1 侯氏请罪,天子辞乃劳之图一

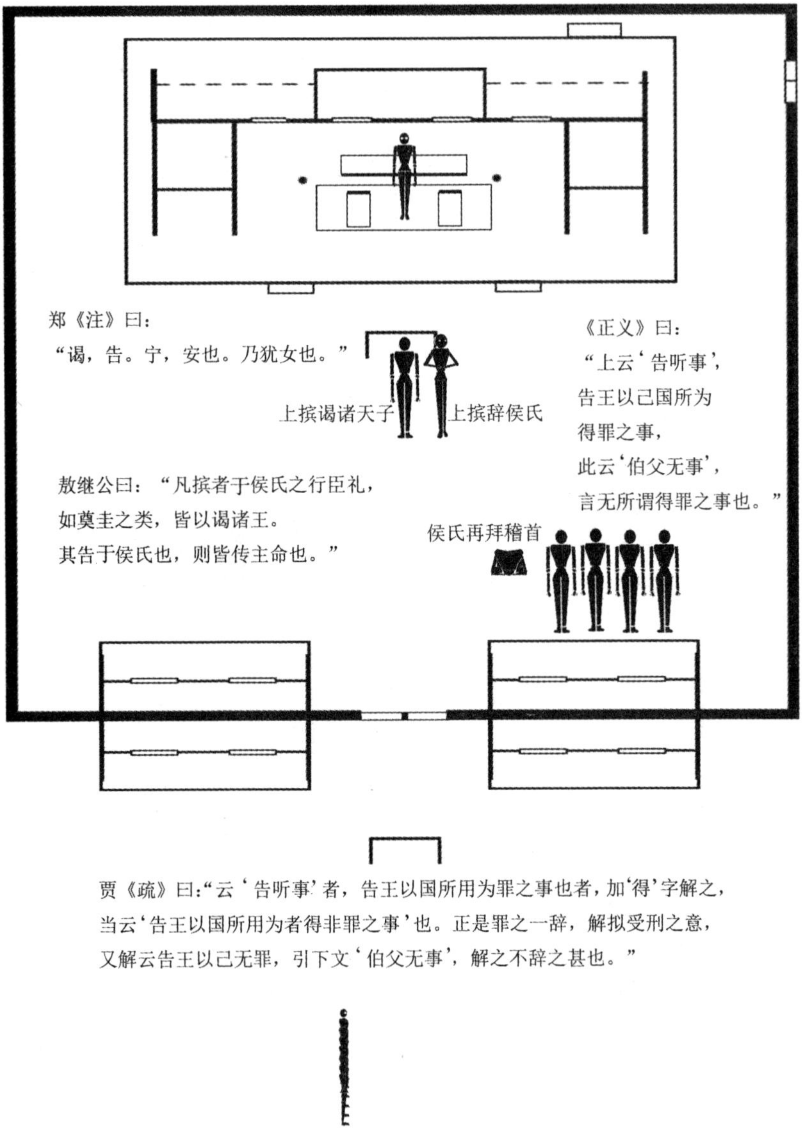

郑《注》曰：
"谒，告。宁，安也。乃犹女也。"

上摈谒诸天子　上摈辞侯氏

《正义》曰：
"上云'告听事'，
告王以己国所为
得罪之事，
此云'伯父无事'，
言无所谓得罪之事也。"

敖继公曰："凡摈者于侯氏之行臣礼，
如奠圭之类，皆以谒诸王。
其告于侯氏也，则皆传主命也。"

侯氏再拜稽首

贾《疏》曰："云'告听事'者，告王以国所用为罪之事也者，加'得'字解之，
当云'告王以国所用为者得非罪之事'也。正是罪之一辞，解拟受刑之意，
又解云告王以己无罪，引下文'伯父无事'，解之不辞之甚也。"

10-7-2　侯氏请罪，天子辞乃劳之图二

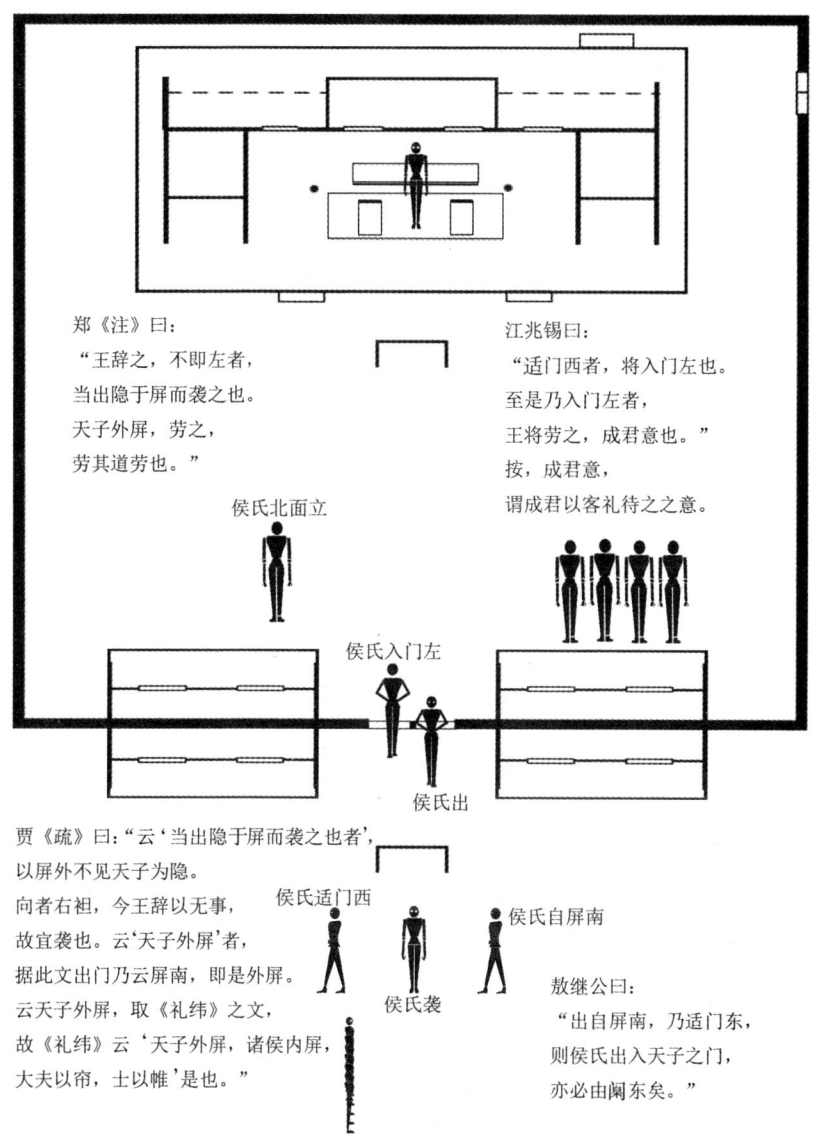

10-7-3 侯氏请罪,天子辞乃劳之图三

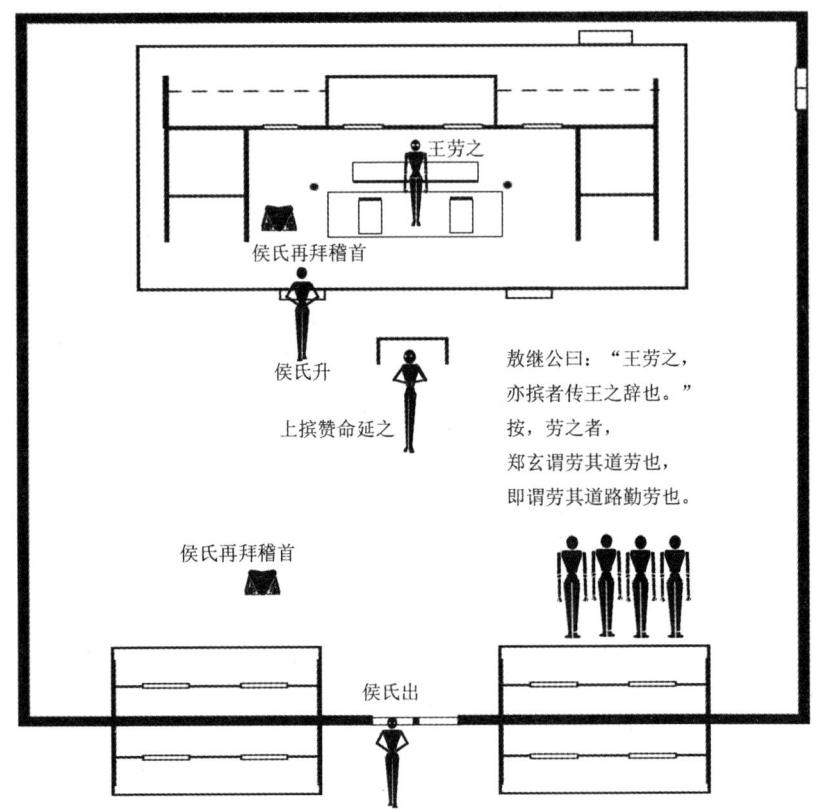

《正义》曰:"《觐礼》告听事,
先入门右,天子辞之,乃出,复入门左。
侯氏前听事,故从臣礼;后天子劳之,故从客礼也。
然则侯氏再拜稽首出,出门右也。升成拜,降出,出门左也。
盖《觐礼》诸侯行礼既毕,则降而肉袒请刑,王曰伯父无事,归宁乃邦,然后再拜稽首出。
此所谓怀诸侯则天下畏之也。如此等处,皆是合著如此,初非圣人私意。"

10-7-4　侯氏请罪,天子辞乃劳之图四

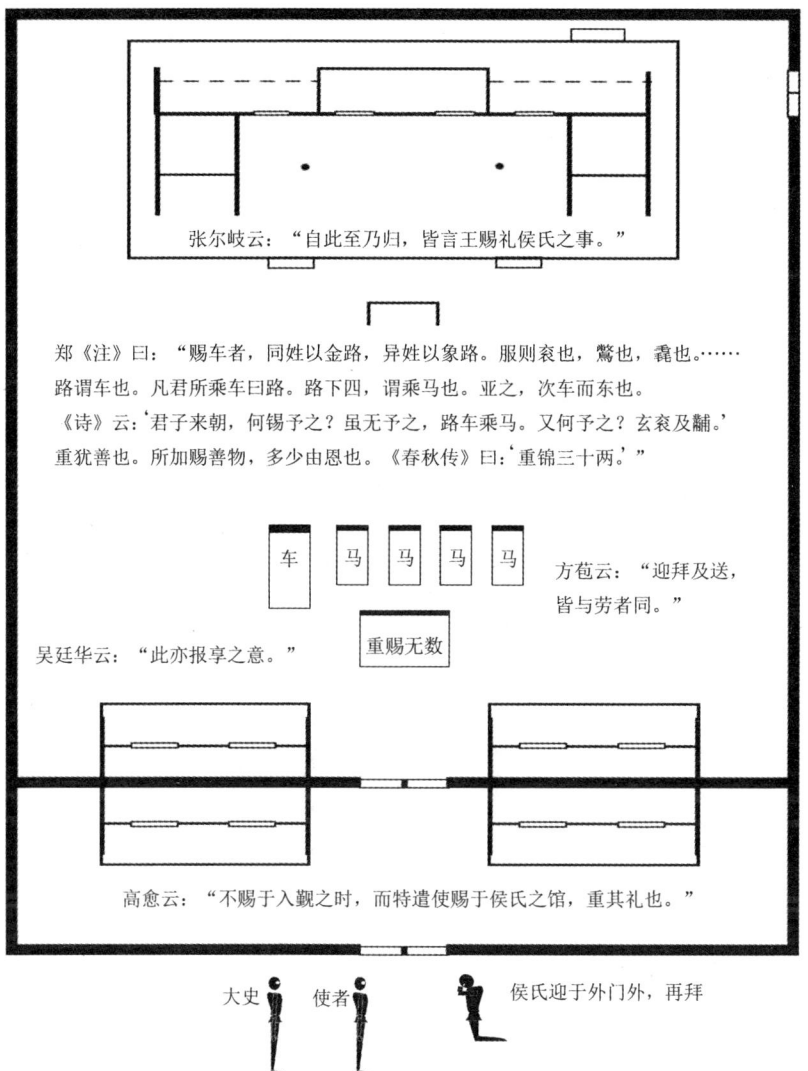

10-8-1　王赐侯氏车服图一

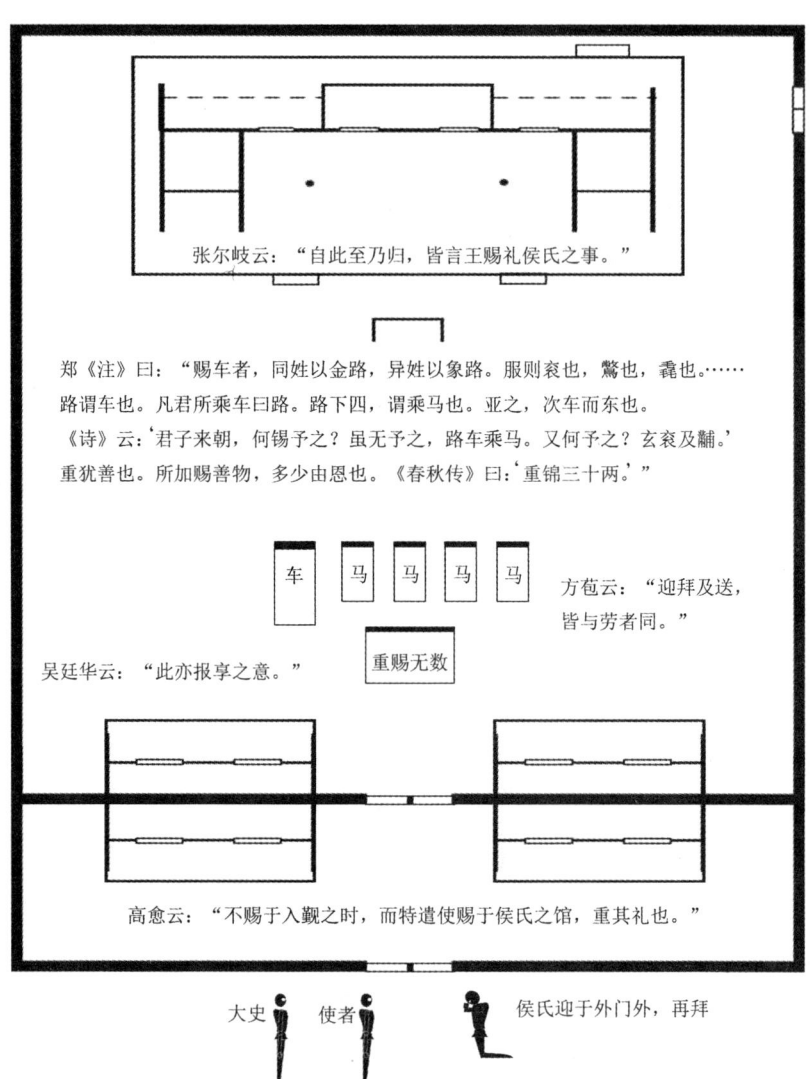

10-8-2 王赐侯氏车服图二

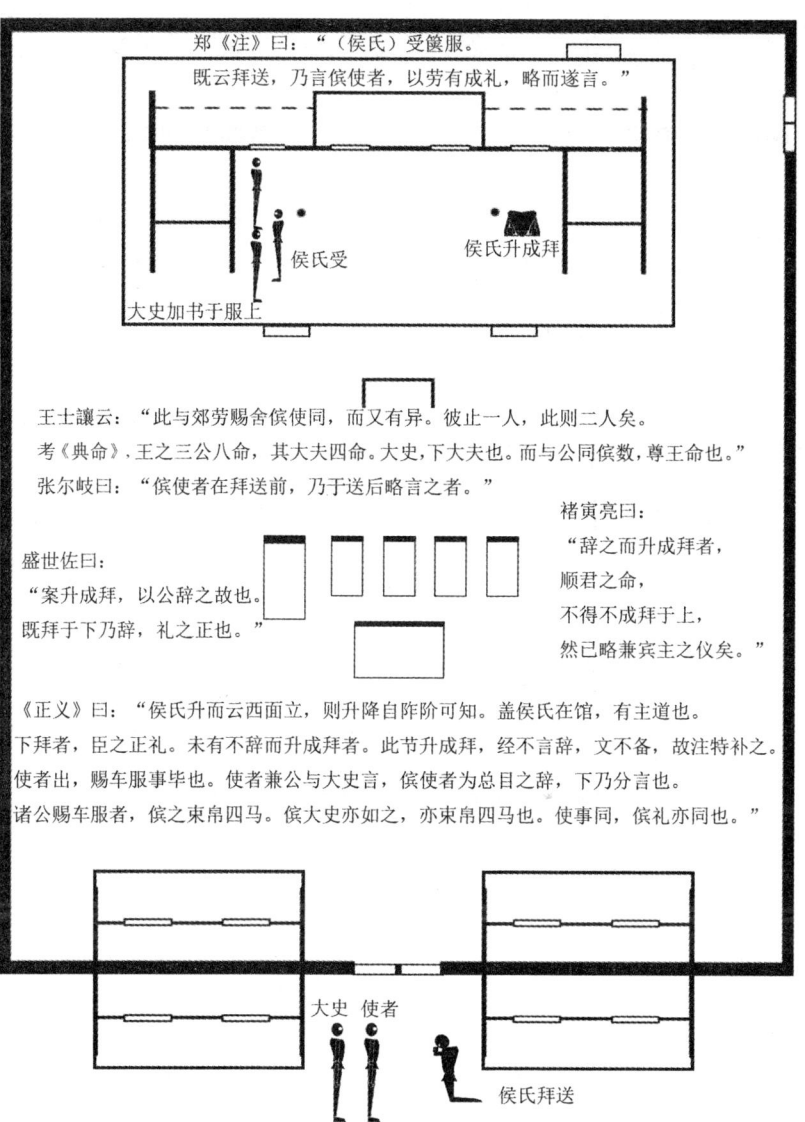

10-8-3　王赐侯氏车服图三

郑《注》曰："方明者，上下四方神明之象也。上下四方之神者，所谓神明也。会同而盟，明神监之，则谓之天之司盟，有象者，犹宗庙之有主乎？王巡守，至于方岳之下，诸侯会之，亦为此宫以见之。"

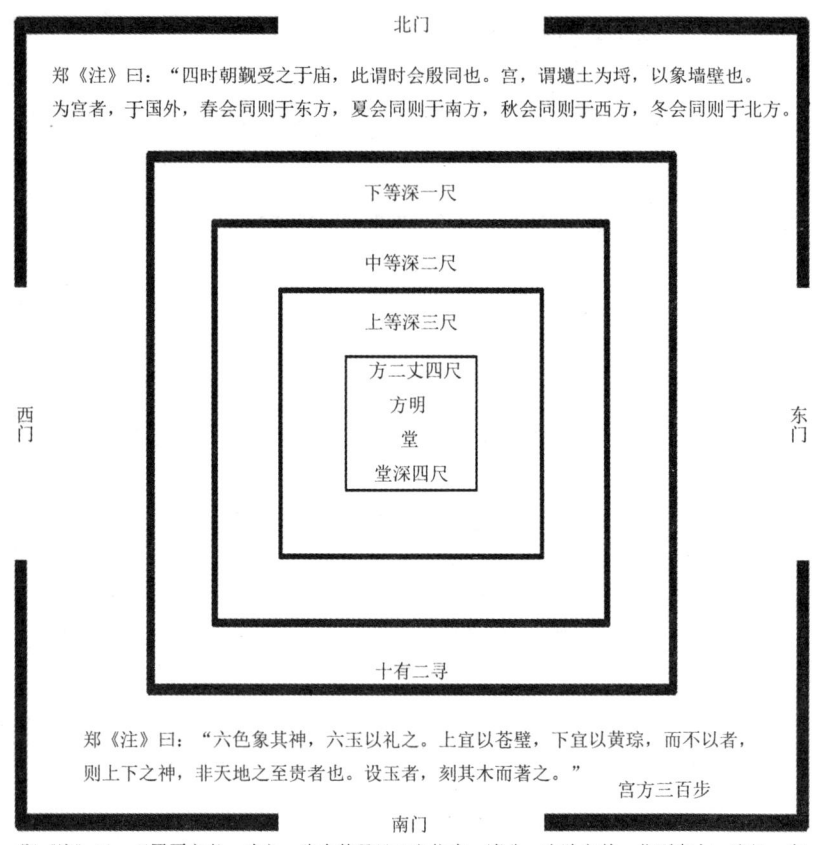

郑《注》曰："六色象其神，六玉以礼之。上宜以苍璧，下宜以黄琮，而不以者，则上下之神，非天地之至贵者也。设玉者，刻其木而著之。"

郑《注》曰："置于宫者，建之，豫为其君见王之位也。诸公，中阶之前，北面东上。诸侯，东阶之东，西面北上。诸伯，西阶之西，东面北上。诸子，门东，北面东上。诸男，门西，北面东上。尚左者，建旂，公东上，侯先伯，伯先子，子先男，而位皆上东方也。诸侯入墠门，或左或右，各就其旂而立。王降阶，南乡见之三揖。土揖庶姓，时揖异姓，天揖同姓。见揖，位乃定。"

10-11-1 会同之礼图一

观 礼 165

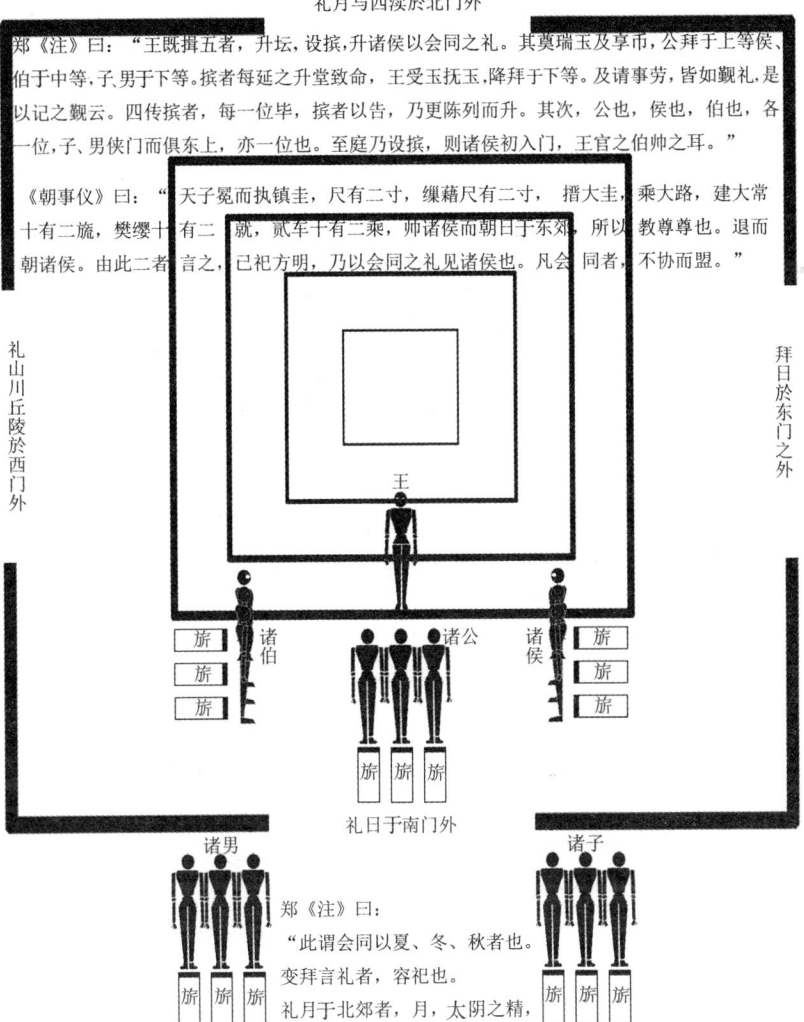

10-11-2 会同之礼图二

觐礼所涉人物一览表

觐礼第十

			一、觐前礼事			二、诸侯觐见天子					三、兼记会同巡狩	
		1.王使人郊劳	2.王赐侯氏舍	3.王戒觐期	4.受次于庙门外	5.侯氏执端玉行觐礼	6.觐已即行三享	7.侯氏请罪，天子辞乃劳之	8.王赐侯氏车服	9.王辞命称谓之殊	10.略言王待侯氏礼	11.会同之礼	12.巡守之礼
周王		遣使者											
宰	即《周礼》中的家宰，地位为卿		赐馆舍				受璧藏币						
宗伯	即《周礼》中的大宗伯，地位为卿，致辞			使大夫戒		见侯氏，致辞受主	享王	致辞					
司空	为使者，负责代表周王赐使者馆舍					为上摈，层层致命传命		传话，辞，相礼					
使者（诸公）	任职于天子的三公，负责担任使者，璧劳，致辞												
大行人	为使者，璧劳，致辞。据《周礼》记载，其由中大夫担任，主要负责在侯客到来后代表周王前去慰劳侯氏。								赐车服				
小行人	为使者，致辞。地位为下大夫，负责佐司空赐馆舍并担任承摈，接赞传命。					为承摈，层层传命		接赞传命					
讶	讶为"国君所使迎待宾客者"。《聘礼》曰："卿，大夫讶。大夫，士讶。士，皆有讶。"				戒侯氏								

王及王臣

续表

	觐礼第十											
	一、觐前礼事				二、诸侯觐见天子						三、兼记会同巡狩	
	1. 王使人郊劳	2. 王赐侯氏舍	3. 王戒觐期	4. 受次于庙门外	5. 侯氏执瑞玉行觐礼	6. 觐已即行三享	7. 侯氏请罪天子辞乃劳之	8. 王赐侯氏车服	9. 王辞命称谓之殊	10. 略言王侍侯氏礼之	11. 会同之礼	12. 巡守之礼
王及王臣 — 大史	据《周礼》记载，大史的级别是下大夫或上士。在这里主要为周王掌管文书，协助周王行礼事。					致命						
嗇夫	由士担任，在此接赞传命。郑《注》曰："啬夫，盖司空之属也。为末挨，承命于侯氏，下介传而上，上挨告于天子。"				为末挨，层层传命							
士					为挨者，层层传命							
掌次				张次合								
王属吏	由下士担任，在觐礼正礼前，为来朝的侯氏准备用以休息的"次"。				受马							
大夫从者	即跟从大行人赞劳侯氏之人。											
诸侯国 — 诸侯	觐见			遣上介受次合	受享		辞、劳	受车服，侯诸公与大史			朝见天子	
上介	出止使者			受次合	层层传命						执旗	
祝					告神主							

续表

觐礼第十

	一、觐前礼事				二、诸侯觐见天子						三、兼记会同巡狩	
	1. 王使人郊劳	2. 王赐侯氏舍	3. 王戒觐期	4. 受次于庙门外	5. 侯氏执瑞玉行觐礼	6. 觐已即行三享	7. 侯氏请罪，天子辞乃劳之	8. 王赐侯氏车服	9. 王辞命称谓之殊	10. 略言王待侯氏之礼	11. 会同之礼	12. 巡守之礼
众介				层层传命								
侯氏有司	任职于侯氏，当侯氏将要觐见周王时要为侯氏向其所带的神主（诸侯出行时会将其祖宗排位一起带走）祝告。由于记载过略，故不知此祝的身份地位。		授马									
附注	1087-1088	1088		1088-1089		1091	1091-1092	1092	1092	1092-1093	1094	

官吏等有执事者的通称，参见《仪礼释官》卷一。

觐礼所涉礼例一览表

			通例上第一	通例下第二	宾客之例第六
觐礼第十	一、觐前礼事	1. 王使人郊劳	1-1 1-3 1-5 1-6 1-7 1-8 1-12 1-13 1-14 1-17 1-18	2-1 2-2 2-4 2-6 2-7	6-1 6-6 6-8 6-10
		2. 王赐侯氏舍	1-8 1-14	2-6	6-2 6-6 6-10
		3. 王戒觐期	1-8 1-14	2-6	
		4. 受次于庙门外		2-6	
	二、侯氏觐天子	5. 侯氏执瑞玉行觐礼	1-2 1-4 1-8 1-9 1-11 1-14	2-1 2-2 2-4 2-6	6-3 6-4 6-15 6-16 6-18
		6. 觐已即行三享	1-7	2-2 2-4 2-6	6-5 6-9 6-10 6-15 6-16 6-18
		7. 侯氏请罪，天子辞乃劳之	1-3 1-4 1-8 1-9 1-11 1-14 1-19	2-1 2-2 2-3 2-4 2-6 2-13	6-11 6-15 6-16 6-18
		8. 王赐侯氏车服	1-1 1-3 1-5 1-6 1-7 1-8 1-9 1-11 1-12 1-13 1-14 1-18	2-6 2-7	6-6 6-10 6-12

续表

		通例上第一	通例下第二	宾客之例第六
	9. 王辞命称谓之殊		2-6	
	10. 略言王待侯氏之礼	1-19		
三、兼记会同巡狩	11. 会同之礼		2-6	6-13 6-14 6-15
	12. 巡守之礼		2-6	6-14 6-15
记文	13. 记文			

[注释]

[1-1] 凡迎宾，主人敌者于大门外，主人尊者于大门内。

[1-2] 凡君与臣行礼皆不迎。

[1-3] 凡入门，宾入自左，主人入自右，皆主人先入。

[1-4] 凡以臣礼见者，则入门右。

[1-5] 凡入门，将右曲，揖；北面曲，揖；当碑，揖；谓之三揖。

[1-6] 凡升阶皆让，宾主敌者俱升，不敌者不俱升。

[1-7] 凡升阶皆连步，唯公所辞则栗阶。

[1-8] 凡门外之拜皆东西面，堂上之拜皆北面。

[1-9] 凡室中、房中拜以西面为敬，堂下拜以北面为敬。

[1-11] 凡君待以客礼，下拜则辞之，然后生成拜。

[1-12] 凡为人使者不答拜。

[1-13] 凡拜送之礼，送者拜，去者不答拜。

[1-14] 凡丈夫之拜坐，妇人之拜兴；丈夫之拜奠爵，妇人之拜执爵。

[1-17] 凡推手曰揖，引手曰厌。

[1-18] 凡送宾，主人敌者于大门外，主人尊者于大门内。

[1-19] 凡君与臣行礼皆不送。

[2-1] 凡授受之礼，同面者谓之并授受。

[2-2] 凡授受之礼，想向者谓之讶授受。

[2-3] 凡授受之礼，敌者于楹间，不敌者不于楹间。

[2-4] 凡相礼者之授受皆讶授受。

[2-6] 凡佐礼者，在主人曰摈，在客曰介。

[2-7] 凡宾、主人礼，盛者专阶，不盛者不专阶。

[2-13] 凡一辞而许曰礼辞；再辞而许曰固辞；三辞不许曰终辞。

[6-1] 凡宾至，则使人郊劳。

[6-2] 凡郊劳，毕，皆致馆。

[6-3] 凡宾至庙门，皆设几筵。

[6-4] 凡宾、主人相见，皆行受挚之礼。

[6-5] 凡宾、主人受挚毕，礼盛者则行享礼。

[6-6] 凡宾、主人行礼毕，主人待宾，用醴则谓之礼，不用醴则谓之傧。

[6-8] 凡宾、主人礼毕，皆还其挚。

[6-9] 凡庭实之皮，皆摄之，内文。入摄于庭，宾致命于堂，则张皮于庭。主人受币，则受皮者受之。

[6-10] 凡庭实之马，右牵之入设于庭，宾授币于堂则受马者受马于庭，主人授其属币则马出。

[6-11] 凡聘、觐礼毕，主人皆亲劳宾。

[6-12] 凡礼毕劳宾后，则使人致礼于宾。

[6-13] 凡会同之礼四传摈，皆如觐礼。

[6-14] 凡会同、巡守之礼，皆祀方明。

[6-15] 凡天子于诸侯则传摈，诸侯于聘宾则旅摈。

[6-16] 凡相大礼皆上宾之事。

[6-18] 凡聘、问、觐皆于朝，会同于坛，士相见于寝。

觐礼所涉方位图一览表[1]

		杨复《仪礼图》	张惠言《仪礼图》	黄以周《礼书通故》	吴之英《寿栎庐仪礼奭固礼事图》	江永《乡党图考》	江声《尚书集注音疏》
一、觐前礼事	1. 王使人郊劳	郊劳图 165	受劳 1709 侯劳者 1710	郊劳 2188 侯劳者 2189	王使劳 304 侯氏侯劳者 304		
	2. 王赐侯氏舍			赐舍 2190			
	3. 王戒觐期						
	4. 受次于庙门外					天子外朝图 2012	
二、侯氏觐天子觐礼第十	5. 侯氏执瑞玉行觐礼	诸侯觐天子图 166	授玉 1710	觐 2191	侯氏朝 305		
	6. 觐已即行三享	行享礼图 167	享 1711	享（以臣礼见）2192 享上公（以宾礼见）2193	侯氏享 305		
	7. 侯氏请罪，天子辞乃劳之		告听事受劳 1711	告听事受劳 2194			
	8. 王赐侯氏车服	赐侯氏车服图 168	赐车服 1712	赐车服 2195	天子赐侯氏车服 306		
	9. 王辞命谓之殊						
	10. 略言王待乎侯氏之礼						
三、兼记会同巡狩	11. 会同之礼	会同见诸侯图 170	会同为坛祀方明 1712	会同为坛祀方明 2196			明堂庭受朝图 3119
	12. 巡守之礼						
	13. 记文			燕朝 2197 日视朝 2198—2199	侯氏觐为坛 306 东箱 307		

[1] 由于此表内容较为琐碎，故将其所涉觐礼图出处以数字的形式于表格中标示出来。"明堂庭受朝图 3119"，指的是本图详见阮元、王先谦编著之《皇清经解续编》，凤凰出版社 2005 年，第 3 册，第 3119 页。江声《尚书集注音疏》以下所涉方位图一览表与此相同，不再复述。

礼 器 表

瑞玉 《仪礼·觐礼》注曰:"瑞玉,谓公桓圭、侯信圭、伯躬圭、子谷璧、男蒲璧。"

圭 长条形,上圆或剑头形,下方。《庄子·马蹄》李注曰:"锐上方下曰珪。"《仪礼·聘礼》曰:"圭与缫皆九寸,剡上寸半,厚半寸,博三寸。"注曰:"圭,所执以为瑞节也。剡上,象天圆地方也。"

璋 扁平长方体状,一端斜刃,另一端有穿孔。《说文》曰:"剡上为圭,半圭为璋。"

璧 《说文》曰:"璧,瑞玉环也。"《尔雅》云:"肉倍好谓之璧,好倍肉谓之瑗,肉好若一谓之环。"按,所谓肉是指边,好是指孔。

璜 《说文》曰:"璜,半璧也。"《释文》曰:"半璧曰璜。佩上有衡,下有二璜,作牙形于其中,以前冲之,使关而相击也。璜为佩下之饰,有穿孔冒系之处。"《周礼·春官·大宗伯》注曰:"半璧曰璜,象冬闭藏,地上无物,唯天半见也。"

琮 方柱形或长筒形,中有圆孔。《说文》曰:"瑞玉大八寸,似车釭。"《周礼·春官》注曰:"琮之言宗,八方所宗,故外八方,象地之形。中虚圆,以应无穷,象地之德,故以祭地。"

琥 瑞玉,古代的一种形似老虎的礼器。

  繅 垫玉彩木板。《仪礼·聘礼》注曰："杂采曰繅，以韦衣木板，饰以三色。"

  几 《说文》曰："几，坐所以凭也。"

  筵 《说文》曰："竹席也。"《周礼·春官》注曰："铺陈曰筵，藉之曰席。筵铺于下，席铺于上，所以为位也。"

  筥 盛物的圆形竹筐。《说文》曰："筥，筲也。从竹，吕声。"《字林》曰："筥，饭器，受五升。秦谓莒也。"

  筭 古代一种形制似筥的盛器。《仪礼·士昏礼》注曰："筭，竹器而衣者。其形盖如今之筥。"陆德明《释文》曰："筭，音烦。一音皮彦反。器名。以苇若竹为之，其形似筥，衣之以青缯，以盛枣、栗、腶脩之属。"

  笾 《仪礼·士冠礼》疏云："竹器，如豆者。"无縢笾，即收口时不编边缘的笾，縢即笾的边缘。

  竹簋方 《仪礼·聘礼》注曰："竹簋方者，器名也，以竹为之，状如簋而方。"疏曰："凡簋皆用木而圆，受斗二升，此则用竹而方，故云如簋而方，受斗二升则同。"

  策 《左传·序》疏曰："单执一札谓之为简，连编诸简乃名为策。"

  鼎 《说文》曰："三足两耳，和五味之宝器也。"羞鼎，《仪礼·聘礼》注曰："羞鼎则陪鼎也，以其实言之则曰羞，以其陈言之则曰陪。"

  铏 古代盛羹的鼎，两耳三足，有盖。《仪礼·公食大夫礼》注曰："铏，菜和羹之器。"

  敦 青铜器名，古代用来盛放黍、稷、粱、稻等饭食的器皿，由鼎、簋的形制结合发展而成。盖和器身都作半圆球形，各有三足或圈足，上下合成球形，盖可倒置。就饪食器总体的发展变化而言，与鼎中盛肉食相配套的盛饭食的器物，西周是簋，春秋是敦，战国以后则是盒。

簋[1]　用于盛放煮熟饭食的器皿，也用作礼器，圆口，双耳。《说文》曰："黍稷方器也。"《广韵》曰："簠簋，祭器，受斗二升，内圆外方曰簋。"段玉裁《说文解字注》曰："黍稷方器也。周礼舍人注曰：'方曰簠，圆曰簋。盛黍稷稻粱也。'掌客注曰：'簠，稻粱器也。簋，黍稷器也。'"

爵　同"雀"。《说文》曰："礼器也。象爵之形。中有鬯酒。又持之也。"《考工记·梓人》引《韩诗》云："一升曰爵，二升曰觚，三升曰觯，四升曰角，五升曰散。"

觚　饮酒器，礼器。圈足，敞口，长身，口部和底部都呈现为喇叭状。

觯　饮酒器，礼器。形似尊而小，或有盖。

角　饮酒器，礼器。形似爵而无柱，两尾对称，有盖，用以温酒和盛酒。

散　王国维认为，散即斝的别称。容量为五升，除以漆涂面外，不用别物装饰。《周礼·春官·鬯人》注曰："修、蜃、概、散皆漆尊也……概尊以朱带者，无饰曰散。"

觞　《说文》曰："觞，爵实曰觞，虚曰觯。"《诗·周南·卷耳》疏曰："一升曰爵，二升曰觚，三升曰觯，四升曰角，五升曰散，总名曰爵，其实曰觞。觞者，饷也。"

洗　古代盥洗用的器皿，形似浅盆，圆形、宽口沿、平底或圜底。郑玄《注》曰："洗，承盥洗者，弃水器也。"

---

[1]　按，《仪礼》中敦、簋不分。

豆 《说文》曰:"古食肉器也。"其形似高脚盘,或有盖。瓦豆即陶制之豆。

瓦大 《仪礼·燕礼》注曰:"瓦大,有虞氏之尊也。《礼器》曰:'君尊瓦甒。'"胡培翚曰:"有虞氏上陶,故用瓦大。引《礼器》者,证瓦大即瓦甒也。"瓦甒,古代陶制的酒器。《礼记·礼器》注曰:"瓦甒,五斗。"孔疏曰:"此瓦甒,即《燕礼》'公尊瓦大'也。"

甓 同瓮,陶器。《仪礼·既夕》注曰:"甓,瓦器,其容亦盖一觳。"

枊 舀取食物的礼器,像勺子。郑《注》曰:"角枊,角匕也。"

束帛 捆为一束的五匹帛。《周礼·春官·大宗伯》注曰:"皮帛者,束帛而表以皮为之。"疏曰:"束者十端,每端丈八尺,皆两端合卷,总为五匹,故云束帛也。"

束锦 五匹锦。《仪礼·士昏礼》注曰:"古人锦皆作帛。"《左传·襄公十九年》杜预注:"五匹为束。"

玉锦 《仪礼·聘礼》注曰:"玉锦,锦之文纤缛者也。《礼》有以少文为贵者。"疏曰:"是玉有密致,锦之纤缛似玉之密致者。"

束纺 一束细绢。《仪礼·聘礼》注曰:"纺,纺丝为之,今之缚也。"

斧依 亦称"斧扆",古代天子坐处在东西户牖之间所设的用具。状如屏风,高八尺,以绛为质,其上绣为斧文。《仪礼·觐礼》注:"依,如今绛素屏风也。"

幕 《周礼·天官·幕人》注曰:"幕或在地,展陈于上也。"

椟 《说文》曰:"匮也。"《释文》曰:"函也。凡缄藏物者皆曰棁。"

路 古代帝王所乘的五种车子，即玉路、金路、象路、革路、木路。《周礼·春官·巾车》曰："王之五路，一曰玉路，锡樊缨，十有再就，建大常，十有二斿，以祀；金路，钩，樊缨九就，建大旂以宾，同姓以封；象路，朱，樊缨七就，建大赤以朝，异姓以封；革路，龙勒，条缨五就，建大白以即戎，以封四卫；木路，前樊鹄缨，建大麾，以田，以封蕃国。"

墨车 不加文饰的黑色车乘。周制，大夫所乘。《周礼·春官·巾车》曰："大夫乘墨车。"郑《注》曰："墨车，不画也。"

偏驾 诸侯所乘的车。郑《注》曰："在旁与己同曰偏。"贾《疏》曰："《周礼》巾车掌王五路：玉路以祀，不赐诸侯；金路以宾，同姓以封；象路以朝，异姓以封；革路以即戎，以封四卫；木路以田，以封蕃国。此五路者，天子所乘，为正；四路者，诸侯乘之，为偏。"吴延华《章句》曰："王五辂，正驾也；诸侯金路以下，俱谓之偏。"

旂 有铃之旗。《说文》曰："旗有众铃，以令众也。"《尔雅》曰："画作两龙相依倚也。通以赤色为之，无文采。诸侯所建也。有铃曰旂。"

龙旂 画有两龙蟠结的旗帜。天子仪仗之一。《周礼·考工记·辀人》曰："龙旂九斿，以象大火也。"注曰："交龙为旂，诸侯之所建也。"疏曰："九斿，正谓天子龙旂。"

弧 张旗弓也。《礼记·明堂位》注曰："弧，旌旗所以张幅也。"疏曰："弧以竹为之，其形为弓。"《周礼·冬官考工记》注曰："弧，以张縿之幅。"疏曰："弧旌者，弧弓也。旌旗有弓，所以张縿幅，故曰弧旌也。"

韣 段玉裁《说文解字注》曰："弓衣也。《月令》：'带以弓韣。'高诱曰，。韣，弓韬也。按革部韇下曰，弓矢韇也。韇盖又在韣之外。容以木为之。饰以皮耳。故服注《左》云，冰，椟丸盖也。如剑衣在剑椟之内。从韦。蜀声。之欲切。三部。"

大旂 大常旗，天子所建之旗。《周礼·春官·巾车》注曰："大常，九旗之画日月者，正幅为縿，斿则属焉。"《仪礼·觐礼》注曰："大旂，大常也。王建大常，縿首画日月，其下及旒，交画升龙降龙。"

旟 古同"斿"。《说文》曰："旗曲柄也。所以旃表士众。"《释名·释兵》曰："通帛为旃。通以赤色为之。"

方明 镶玉涂色象征四方神的木头。《仪礼·觐礼》曰："方明者，木也，方四尺。设六色：东方青，南方赤，西方白，北方黑，上玄，下黄。设六玉：上圭，下璧，南方璋，西方琥，北方璜，东方圭。"郑《注》曰："六色象其神，六玉以礼之。上宜以苍璧，下宜以黄琮，而不以者，则上下之神，非天地之至贵者也。设玉者，刻其木而著之。"